초등영단어도 역시, 경선식인

350만명이 선택한 진짜 1위는 다릅니다. 경선식은 결과로 증명합니다.

350만부
판매돌파
초스피드암기비법
시리즈

베스트셀러
19년 연속
교재 판매

1위
수능시험 어휘
적중률

성적향상
최단기간내

2019
대한민국
브랜드 만족도
1위

2018
한경비즈니스
한국 품질만족도
1위

온라인 강의로 암기효과 극대화

강의 속 선생님의 몸짓과 표정 등을 따라하며 시각, 청각, 느낌 전달 등을 이용해 암기효과 극대화
정확한 발음 학습 및 발음 훈련을 통해 파닉스 기초가 안 되어 있는 학생들도 쉽게 학습이 가능!

동영상 강의와 체계적인 복습프로그램으로 **암기의 효율성을 높이세요**

강의 수강만으로
100% 암기

온라인 강의 구성
초등 3~4학년용 50강(1강당 10분 내외)
초등 5~6학년용 50강(1강당 10분 내외)

효과없을시
**14일내
100%
환불**

경선식 영단어
- 초등 3-4학년용

강의 효과를 직접 체험해보세요

 **TV방송!** JTBC **알짜왕** 해마학습법 암기력 10배 향상

테스트 방법

일반 암기법으로
(각자의 암기방식)

- 12분 동안 50개의 고난도 어휘 암기
  ∨
- 40분 휴식
  ∨
- 1차 테스트 후 3분 오답 복습
  ∨
- 복습 없이 1주일 후 재시험 (2차 테스트)

해마학습법으로

- 12분 동안 50개의 고난도 어휘 암기
  ∨
- 40분 휴식
  ∨
- 1차 테스트 후 3분 오답 복습
  ∨
- 복습 없이 1주일 후 재시험 (2차 테스트)

■ 진행 : JTBC 알짜왕 ■ 실험대상 : 20대 성인 대상 ■ 단어 : 성인들도 모르는 고난도 어휘 50개 ＊일반학습법, 해마학습법 단어 모두 상이

테스트 결과

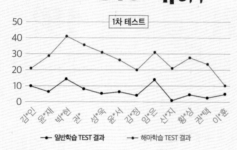

단기기억 3.9배UP

1차 테스트

━●━ 일반학습 TEST 결과 ━●━ 해마학습 TEST 결과

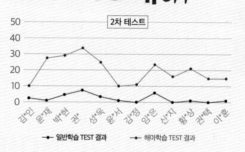

장기기억 10배UP

2차 테스트

━●━ 일반학습 TEST 결과 ━●━ 해마학습 TEST 결과

위의 해마학습법 암기효과 테스트는 JTBC 알짜왕 프로그램에 소개된
효율적인 단어암기법의 일부 내용으로써 자세한 내용은 영상으로 확인하세요^^

EVETE

룰렛 돌리고 100% 선물받자!

돌리기만 하면 무조건 당첨! 100% 증정!

오직! 경선식에듀 회원만을 위한
"100% 즉석당첨" 이벤트

룰렛을 돌리기만 해도 100% 선물증정!
강의 무료수강권부터 강의할인권, 다양한 모바일 쿠폰까지~

■ 참여대상 :
  경선식에듀 회원이라면 누구나

■ 참여방법 :
  응모하기 버튼만 누르면 끝!
  (응모 후 바로 당첨 선물 확인)

QR코드를 인식하면 이벤트
페이지를 확인하실 수 있습니다

※ 상품은 사정에 따라 변경 될 수 있습니다.
이벤트 관련 유의사항은 이벤트 페이지를 확인해주세요

경선식 영단어

초등 ③~④학년

Order
5그릇더!
명령하다, 주문하다

저자 경선식

약력

대한민국 최다 영어 어휘 수강생 보유

연세대 졸업

㈜경선식에듀 대표

前 영단기, 공단기 단기학교 어휘 강의

前 EBS라디오 '경선식 고교 영단어 진행'

前 (2001~2007) 메가스터디 외국어 영역 대표강사

前 비타에듀 외국어영역 1위

前 코리아헤럴드 온라인 영어 어휘 강의

前 박정어학원 인터넷 어휘 강의

前 한양대, 외대, 건국대, 동국대 어휘 특강

저서

경선식 수능영단어 Vol. 1(기본)

경선식 수능영단어 Vol. 2(완성)

경선식 영숙어 초스피드 암기비법-수능

경선식 EBS 영단어 초스피드 암기비법

경선식 영단어 초스피드 암기비법-공.편.토(수능고난도)

경선식 영단어 초스피드 암기비법-토익

경선식 영단어 초스피드 암기비법-최고난도

경선식 영단어 중학영단어-기본

경선식 영단어 중학영단어-완성

경선식영단어 초등 ③~④ 학년

경선식영단어 초등 ⑤~⑥ 학년

경선식 영단어 초스피드 암기비법-만화

경선식영문법 WARM UP

경선식영문법 SPURT

경선식영문법 PERFECTION

경선식영문법 어법문제 완성

경선식 수능독해 기초

경선식 수능독해 기본

경선식 수능독해 초스피드 유형별 풀이비법

경선식 수능독해 완성

메가스터디 외국어영역 1000제

메가스터디 외국어영역 문법300제

그 외 다수

펴낸날	2019년 2월 1일(1판 15쇄)
펴낸곳	(주)도서출판 경선식에듀
펴낸이	경선식
마케팅	박경식
디자인	디자인뮤제오
주소	서울시 서초구 서초 중앙로 56(서초동) 블루타워 9층
대표전화	02)597-6582
팩스	02)597 6522
등록번호	제2014-000208호
ISBN	3~4학년 ISBN : 979-11-954950-9-2 [63740]
	3,4 + 5,6 SET : 979-11-89902-01-8 [64740] (세트)

강의 및 교재 내용 문의 : 경선식에듀 홈페이지(kssedu.com)

20년 가까이 해마학습법을 이용하여 중학단어부터 GRE수준의 단어에 이르기까지 수많은 단어들을 재밌고 빠르고 오래 암기할 수 있도록 만들어 왔습니다. 고맙게도 중학, 수능, 토플, 공무원, 토익 단어 등이 10년 넘게 베스트셀러 1~3위를 유지하며 많은 사랑을 받아왔고 대한민국 어휘수강생 1등을 계속 유지해 오면서도 정작 단어 암기에 가장 많은 어려움을 겪고 있는 초등학생들을 위한 체계적인 해마학습법 연구를 미루어 오다가 드디어 2권의 경선식영단어 초등 과정을 만들게 되었습니다.

단어 암기에 쉽게 싫증을 내는 초등학생들을 위해 각 단어의 연상법에 해당하는 만화를 거의 모두 수록하여 재밌게 암기하도록 했으며 정확한 발음을 했을 때 연결되는 연상법이 중고생들 보다는 더욱 쉽고, 될 수 있으면 직관적이어야 하기 때문에, 제가 만든 다른 어휘책들과 비교하여 더욱 많은 연구와 오랜 제작과정이 필요했던 것 같습니다.

우리의 미래를 짊어질 학생들의 즐겁고 행복한 공부에 일조할 수 있는 책이 되기를 바라며 오랜 노력과 창작의 즐거움으로 낳은 또 하나의 제 자식을 세상에 내놓아 봅니다.

저자 경선식

이 책의 특징

1 해마학습법으로 5~10배 이상 빠르게 암기해요.

해마학습법이란?
기억작용의 중심 역할을 하는 뇌 속의 해마를 활용하여 기억할 대상을 연상을 통해 그림으로 표현, 시각화하여 보다 빠르고 오래 암기할 수 있는 과학적인 연상 기억법이에요.

푸룻푸룻한 과일
fruit

fruit (과일)을 암기하기 위해서는 fruit이라는 단어와 그 뜻을 그림으로 연결시켜 주어야 하는데 영어 발음 '프루~트'는 우리말의 '푸룻'으로 인식할 수 있습니다. 즉, fruit을 정확히 발음하면서 푸룻푸룻한 과일의 이미지를 상상하여 그림으로 기억 하는것이죠. '푸룻푸룻한 과일'이라고 기억해 놓으면 fruit을 외우기 위해 무작정 읽거나 쓰지 않아도 된답니다.

2 초등 필수 어휘부터 중학 기초어휘까지 암기해요.

3-4학년 **438** + 5-6학년 **428**

파생어 포함 934단어
초등 필수 어휘뿐만 아니라 중학 기초어휘까지 마스터할 수 있어요.

3 체계적 복습 SYSTEM으로 더 오래 기억에 남게 암기해요.

배운 단어를 테스트를 통해 암기 여부를 점검하고 누적 복습을 통해 더욱 완벽하게 암기할 수 있어요.

[복습1] 6단어 복습
1강을 6단어 씩 나눠 복습

[복습2] 1강 단위 복습
1강(12단어) 암기 후
단어 철자와 뜻 완성

[복습3] 3강 단위 전체 복습
3강(36단어) 암기 후 뜻 완성
으로 효과적인 누적 복습

[복습4] 18강 단위 누적 복습
1~18강, 19~36강으로 나눠서
총 2회에 걸친 누적복습

이 책의 구성

만화이미지

해마학습법이 적용된 만화 이미지를 통해
재미있게 암기하고 오래 기억할 수 있어요.

연상법

1 발음과 뜻에 연결고리를 만들어 연상을 통해
단어를 쉽고 빠르게 암기할 수 있어요.
2 강세와 주의할 발음을 고려하여 한글발음 제시

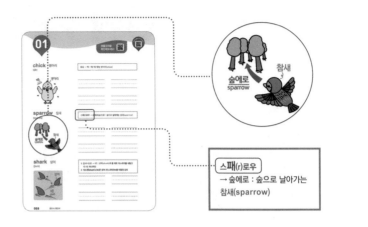

스패(r)로우
→ 숲에로 : 숲으로 날아가는
참새(sparrow)

발음기호

발음기호 및 강세와 주의할 발음을 고려한
한글발음을 제시하여 정확한 발음을 읽고
익힐 수 있어요.

쓰기연습

쓰기 연습을 통해 정확하고 완벽하게
단어의 스펠링과 뜻을 암기할 수 있어요.

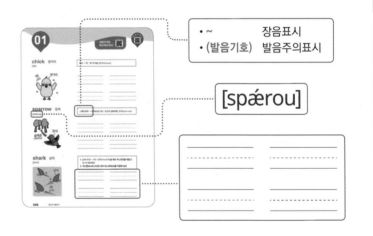

• ~   장음표시
• (발음기호) 발음주의표시

[spǽrou]

샘플강의

큐알코드를 활용하여 샘플강의를 수강해
볼 수 있어요. (1~3강까지 제공)

원어민MP3

큐알코드를 활용하여 원어민 발음듣기를
통해 정확한 발음을 훈련해 볼 수 있어요.

샘플강의를
확인해보세요!

CONTENTS

chick 병아리
[tʃik]

취크 → 찍! : 찍! 찍! 우는 병아리(chick)

sparrow 참새
[spǽrou]

스패(r)로우 → 숲에로(숲으로) : 숲으로 날아가는 참새(sparrow)

shark 상어
[ʃɑːrk]

1. (ʃ)샤~(r)크 → 샥! : 상어(shark)가 물 위로 지느러미를 내밀고 샥! 샥! 지나가다
2. 샥스핀(shark's fin)은 상어 지느러미(fin)를 이용한 요리

bull 황소
[bul]

불 → 뿔 : 뿔 달린 황소(bull)

snake 뱀
[sneik]

스네이크 → (일어)스내(서네) 이크! : 마주친 뱀(snake)이 머리를 들고 (일어)스내(서네)! 이크!

duck 오리
[dʌk]

더크 → (도널드) 덕 : 만화 캐릭터 도널드 덕은 오리(duck)

6단어 복습하기

다음 만화, 단어, 뜻을 관련 있는 것끼리 선으로 이어보세요.

chick   •   오리

sparrow   •   황소

shark   •   병아리

bull   •   뱀

snake   •   참새

duck   •   상어

lamb 어린 양, 양고기
[læm]

래애애앰~
lamb
양

램 → 래애애앰 : 어린 양(lamb) 울음소리는 '래애애앰'

turtle 거북이
[tɔ́ːrtl]

펑!
터트릴 수 없는
turtle
거북이

터~(r)틀 → 터트리다 : 등이 딱딱하여 터트릴 수 없는 거북이(turtle)

spider 거미
[spáidə(r)]

스파이더 맨(man) : 거미 인간
spider

스파이더(r) → 스파이더 : 스파이더맨은 거미(spider) 인간(man)

leopard 표범
[lépərd]

앞 발을 **내뻗으**며
leopard
달리는 **표범**

레퍼(r)드 → 내뻗으 : 앞 발을 길게 내뻗으며 달리는 표범(leopard)

dolphin 돌고래
[dɔ́:lfin / dá:lfin]

돌다 **핑**그르르~
dolphin

돌고래

도~ㄹ(f)핀 → 돌(돌다) 핑(핑그르) : 돌고래(dolphin)가 핑그르 돌다

eel 뱀장어
[i:l]

일
(1)
eel

뱀장어

이~ㄹ → 1(일) : 1자처럼 긴 뱀장어(eel)

다음 만화, 단어, 뜻을 관련 있는 것끼리 선으로 이어보세요.

 • dolphin • • 거미

 • eel • • 어린 양, 양고기

 • spider • • 표범

 • lamb • • 거북이

 • leopard • • 돌고래

 • turtle • • 뱀장어

A 한글 뜻을 보고 옆의 영어 단어 철자를 완성하세요.

1	오리	d___ck
2	참새	spa___ ___ow
3	상어	sh___rk
4	표범	l___ ___pard
5	거북이	tu___ ___le
6	병아리	chi___ ___
7	돌고래	dol ___ ___in
8	뱀	sn___ke
9	거미	sp___der
10	뱀장어	___ ___l
11	어린 양, 양고기	lam___
12	황소	b___ll

B 다음 단어들의 뜻을 적어보세요.

1	leopard	_____
2	spider	_____
3	turtle	_____
4	duck	_____
5	bull	_____
6	eel	_____
7	chick	_____
8	shark	_____
9	snake	_____
10	lamb	_____
11	dolphin	_____
12	sparrow	_____

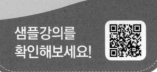

hawk 매
[hɔːk]

호~크 → 혹! : 먹이를 혹! 채가는 매(hawk)

bee 꿀벌
[biː]

비~ → 비이~ : 비이~ 하고 날갯소리를 내며 나는 꿀벌(bee)

camel 낙타
[kǽml]

캐믈 → 깨물 : 순한 낙타(camel)이지만 입에 손을 대면 깨물려

cock 수탉
[kɔːk / kɑːk]

코~ㅋ(or 카~ㅋ) → 콕콕 : 모이를 콕콕 쪼아 먹는 수탉(cock)

bat 1. 박쥐 2. (야구) 배트
[bæt]

배트 → 배트 : 배트맨은 박쥐(bat) 인간(man)

snail 달팽이
[sneil]

스네일 → 스~ 내일 : "달팽이(snail)가 짧은 거리를 그냥 스~윽 지나가려해도 내일까지 걸릴 거야."

다음 만화, 단어, 뜻을 관련 있는 것끼리 선으로 이어보세요.

   snail   1. 박쥐
 2. (야구) 배트

   cock   달팽이

   hawk   낙타

   bat   매

   bee   수탉

   camel   꿀벌

bug 곤충, 벌레
[bʌg]

벌레

버글버글
bug

버그 → 버글버글 : 벌레(bug)가 버글버글한

gull 갈매기
[gʌl]

갈매기

꺼~얼
gull

꺼~얼

걸 → 꺼~얼 : 꺼~얼, 꺼~얼 하고 우는 갈매기(gull)

turkey 칠면조
[tɔ́ːrki]

칠면조

털도 많고
키도 큰
turkey

터~(r)키 → 털 키 : 털이 많고 키도 큰 칠면조(turkey)

owl 올빼미
[aul]

올빼미

아울 → 아~ 울(울다) : 올빼미(owl)가 아~ 울하고 울다

mouse 생쥐
[maus]

생쥐

미키 마우스 mouse   컴퓨터 마우스 mouse

마우스 → 마우스 : 만화 캐릭터 미키마우스는 생쥐(mouse), 생쥐(mouse) 모양으로 생긴 컴퓨터 마우스

deer 사슴
[diə(r)]

뛰어 달아나는 deer

r 사슴

디어(r) → 뛰어 : 뛰어 달아나고 있는 사슴(deer)

다음 만화, 단어, 뜻을 관련 있는 것끼리 선으로 이어보세요.

deer • • 칠면조

mouse • • 갈매기

gull • • 생쥐

owl • • 곤충, 벌레

bug • • 올빼미

turkey • • 사슴

A 한글 뜻을 보고 옆의 영어 단어 철자를 완성하세요.

1	갈매기	g___ll
2	수탉	c___ ___k
3	꿀벌	b___ ___
4	생쥐	m___ ___se
5	사슴	d___ ___r
6	낙타	ca___ ___l
7	곤충, 벌레	b___g
8	칠면조	t___ ___key
9	달팽이	sn___ ___l
10	1. 박쥐 2. (야구) 배트	b___t
11	매	h___ ___k
12	올빼미	___ ___l

B 다음 단어들의 뜻을 적어보세요.

1	snail	_____
2	owl	_____
3	deer	_____
4	bat	_____
5	hawk	_____
6	gull	_____
7	bug	_____
8	camel	_____
9	bee	_____
10	mouse	_____
11	cock	_____
12	turkey	_____

샘플강의를
확인해보세요!

fruit 과일
[fru:t]

푸릇푸릇한 과일
fruit

> (f)프(r)루~트 → 푸룻 : 푸릇푸릇한 과일(fruit)

soap 비누
[soup]

쏘-옥!
soap

> 쏘웁 → 쏘옥~ : 비누(soap)가 손에서 쏘웁~(쏘옥~) 빠져나가다

ocean 바다
[óuʃən]

오~시원한 바다
ocean

> 오우(ʃ)션 → 오~ 션(시원) : 오~ 션하게(시원하게) 펼쳐진
> 바다(ocean)

022 경선식 영단어

fog 안개
[fɔːg]

포근(포그)**하게 깔린 안개**
fog

(f)포~그 → 포근 : 아침에 포근하게 깔려있는 안개(fog)

foggy 안개 낀
[fɔːgi]

안개가 낀

운항을 **포기**
foggy

(f)포~기 → 포기 : 안개가 껴(foggy)서 비행기 운항을 포기

grow 자라다
[grou]

9m로 자라다
grow

9m

1m

그(r)로우 → 구(9)로 : 1미터였던 나무가 구(9)미터로 자라다(grow)

6단어 복습하기

다음 만화, 단어, 뜻을 관련 있는 것끼리 선으로 이어보세요.

 • soap • • 자라다

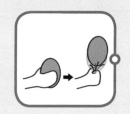 • fog • • 안개 낀

 • fruit • • 비누

 • ocean • • 안개

 • grow • • 과일

 • foggy • • 바다

garlic 마늘
[gɑ́:rlik]

가~(r)릭 → 갈리(갈다) : 마늘(garlic)을 절구통에 넣고 갈리

마늘을 **갈리**
garlic

claw 발톱
[klɔː]

클로~ → 끌러 : 고양이가 숨겼던 발톱(claw)을 끌러

발톱을 **끌러**내어
claw

quarrel 싸움; 싸우다
[kwɔ́:rəl]

크워~(r)럴 → 코를 : 서로의 코를 때리며 싸우다(quarrel)

코를 때리며
quarrel

싸우다

gun 총
[gʌn]

어깨에 **총**을 **건**
gun

건 → 건 : 포수가 어깨에 건 총(gun)

pull 끌어당기다
[pul]

풀을 **끌어당기다**
pull

풀 → 풀 : 풀을 뽑으려고 풀을 잡고 끌어당기다(pull)

easy 쉬운
[íːzi]

2지 너무 **쉬운**
easy

1+1=2

이~(z)지 → 2(이)지 : 1+1 = ? 2지 너무 쉬운(easy)

6단어 복습하기

다음 만화, 단어, 뜻을 관련 있는 것끼리 선으로 이어보세요.

   quarrel   발톱

   claw   총

   pull   마늘

   garlic   싸움; 싸우다

   gun   쉬운

   easy   끌어당기다

A 한글 뜻을 보고 옆의 영어 단어 철자를 완성하세요.

1	안개	f___g
2	자라다	___ ___ow
3	끌어당기다	p___ll
4	과일	fr___ ___t
5	바다	oc___ ___n
6	쉬운	___ ___sy
7	총	___ ___n
8	마늘	ga___ ___ic
9	싸움; 싸우다	q___ ___rrel
10	비누	s___ ___p
11	안개 낀	fog___ ___
12	발톱	cl___ ___

B 다음 단어들의 뜻을 적어보세요.

1	easy	_____
2	pull	_____
3	grow	_____
4	quarrel	_____
5	soap	_____
6	foggy	_____
7	fog	_____
8	gun	_____
9	fruit	_____
10	ocean	_____
11	garlic	_____
12	claw	_____

다음 단어들의 뜻을 적어 보세요.

1강

1 chick　　_____

2 sparrow　　_____

3 shark　　_____

4 bull　　_____

5 snake　　_____

6 duck　　_____

7 lamb　　_____

8 turtle　　_____

9 spider　　_____

10 leopard　　_____

11 dolphin　　_____

12 eel　　_____

2강

13 hawk　　_____

14 bee　　_____

15 camel　　_____

16 cock　　_____

17 bat　　_____

18 snail　　_____

19 bug　　_____

20 gull　　_____

21 turkey　　_____

22 owl　　_____

23 mouse　　_____

24 deer　　_____

3강

25 fruit　　_____

26 soap　　_____

27 ocean　　_____

28 fog　　_____

29 foggy　　_____

30 grow　　_____

31 garlic　　_____

32 claw　　_____

33 quarrel　　_____

34 gun　　_____

35 pull　　_____

36 easy　　_____

1
chick 병아리

2
sparrow 참새

3
shark 상어

4
bull 황소

5
snake 뱀

6
duck 오리

7
lamb 어린 양, 양고기

8
turtle 거북이

9
spider 거미

10
leopard 표범

11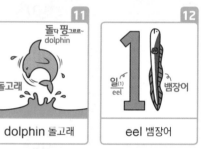
dolphin 돌고래

12
eel 뱀장어

13
hawk 매

14
bee 꿀벌

15
camel 낙타

16
cock 수탉

17
bat 1. 박쥐 2. (야구) 배트

18
snail 달팽이

19
bug 곤충, 벌레

20
gull 갈매기

21
turkey 칠면조

22
owl 올빼미

23
mouse 생쥐

24
deer 사슴

25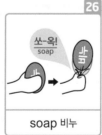
fruit 과일

26
soap 비누

27
ocean 바다

28
fog 안개

29
foggy 안개 낀

30
grow 자라다

31
garlic 마늘

32
claw 발톱

33
quarrel 싸움; 싸우다

34
gun 총

35
pull 끌어당기다

36
easy 쉬운

beggar 거지
[bégə(r)]

베거(r) → 배가 : 배가 고프다며 먹을 것을 달라는 거지(beggar)

warn 경고하다
[wɔːrn]

워~(r)언 → 원(one) : 셋 셀 동안에 그만하라고 "원(one), two..." 하며 미리 경고하다(warn)

heaven 천국, 하늘
[hévn]

헤(v)븐 → 해 붕 : 해가 붕 떠있는 하늘(heaven)

address 주소
[ədrés]

어드(r)레스 → 어디랬어? : 그 집 주소(address)가 어디랬어?

ache 아픔; 아프다
[eik]

에이크 → 에이크! : 에이크! 아파라(ache)

headache 두통
[hédeik]

헤드에이크 → head(머리) + ache(아픔) : 두통(headache)

다음 만화, 단어, 뜻을 관련 있는 것끼리 선으로 이어보세요.

headache · · 천국, 하늘

address · · 거지

beggar · · 주소

ache · · 경고하다

warn · · 아픔; 아프다

heaven · · 두통

bubble 거품, 비눗방울
[bʌ́bl]

버블 → 밥을 : 밥을 할 때 부글부글 이는 거품(bubble)

밥을 할 때 나는 **거품**
bubble

wall 벽, 담장
[wɔːl]

워~ㄹ → 월! : 담(wall)을 넘는 도둑을 향해 개가 "월! 월!" 짖다

월!
월! wall 월!

담장

problem 문제
[prάːbləm]

프(r)라~블럼 → 풀어보렴 : "이 문제(problem) 풀어보렴."

이 **문제**
풀어보렴
problem

$2x + 2^2 = 14$
$x = ?$

dark 어두운
[dɑ:rk]

어두운 새벽
꼬끼오~
닭
dark

다~(r)크 → 닭 : 닭이 '꼬끼오~'하고 우는 어두운(dark) 새벽

triangle
1. 삼각형 2. 트라이앵글(악기)
[tráiæŋgl]

트라이앵글
triangle
삼각형

트(r)라이앵글 → 트라이앵글 : 악기 트라이앵글은 삼각형 (triangle) 모양

doll 인형
[dɑ:l]

딸
doll
인형

다~ㄹ → 딸 : 딸에게 사준 인형(doll)

6단어 복습하기

다음 만화, 단어, 뜻을 관련 있는 것끼리 선으로 이어보세요.

 • doll • 1. 삼각형
2. 트라이앵글(악기)

 • dark • 인형

 • bubble • 문제

 • triangle • 거품, 비눗방울

 • wall • 어두운

 • problem • 벽, 담장

A 한글 뜻을 보고 옆의 영어 단어 철자를 완성하세요.

1	벽, 담장	w___ll
2	주소	a___ ___ress
3	경고하다	w___ ___n
4	1. 삼각형 2. 트라이앵글(악기)	t___ ___angle
5	인형	d___ll
6	천국, 하늘	h___ ___ven
7	거품, 비눗방울	bu___ ___le
8	어두운	d___rk
9	두통	heada___ ___e
10	거지	b___ ___gar
11	아픔; 아프다	a___ ___e
12	문제	prob___ ___m

B 다음 단어들의 뜻을 적어보세요.

1 address _____

2 ache _____

3 warn _____

4 bubble _____

5 beggar _____

6 heaven _____

7 dark _____

8 wall _____

9 headache _____

10 triangle _____

11 doll _____

12 problem _____

force 힘, 무력
[fɔːrs]

(f)포~(r)스 → 포 쓰 : 싸움에서 포(대포 = 무력(force))를 쓰다

무력을 써라~!

포를 쓰다
force

_____   _____
- - - - - - - - - -   - - - - - - - - - -

_____   _____
- - - - - - - - - -   - - - - - - - - - -

_____   _____

magical 마술적인, 신비한
[mǽdʒikəl]

매쥐컬 → 매직 컬(칼) : 마술(magic)로 매직을 칼로 변하게 하는 마술적이고 신비한(magical)
* magic 마술

마술적인, 신비한

매직 칼
magical

_____   _____
- - - - - - - - - -   - - - - - - - - - -

_____   _____
- - - - - - - - - -   - - - - - - - - - -

_____   _____

choose 선택하다
[tʃuːz]

추~(z)즈 → (춤을) 추어 주(세요) : 왕자가 무도회에서 마음에 드는 여성을 선택하여(choose) "춤을 추어 주~"라고 말하다
* choice 선택

춤을 추어 주~
choose

선택하다

_____   _____
- - - - - - - - - -   - - - - - - - - - -

_____   _____
- - - - - - - - - -   - - - - - - - - - -

_____   _____

military 군대의
[mílitəri / míləteri]

군대의 이발소

밀리는 **털이**
military

밀리터(r)리 → 밀리 털이 : 군대의(military) 미용실에서 머리털이
빡빡 밀리다

tooth 이, 치아
[tu:θ]

이빨을
two(두 개) **쓰**다
tooth

투~(θ)쓰 → 투(two) 쓰(쓰다) : 토끼가 two(두 개의) 이(tooth)를
쓰다 * 복수 형태는 teeth

hurt 다치게 하다, 아프게 하다
[hɜːrt]

다치게 하다 **헛!**
hurt

허~(r)트 → 헛! : 강도가 칼로 찔러 다치게 하자(hurt) "헛!"하고
소리 지르다

다음 만화, 단어, 뜻을 관련 있는 것끼리 선으로 이어보세요.

 • tooth • • 선택하다

 • hurt • • 힘, 무력

 • choose • • 군대의

 • force • • 마술적인, 신비한

 • military • • 이, 치아

 • magical • • 다치게 하다, 아프게 하다

throw 던지다
[θrou]

쓰레기를 **쏠어** 던지다
throw

(θ)쓰(r)로우 → 쏠어 : 쓰레기를 쏠어 담아 창밖으로 던지다(throw)

soldier 군인
[sóuldʒə(r)]

총을 **쏠 저** 사람은
soldier

군인

쏘울줘(r) → 쏠 저 : 적에게 총을 쏠 저 사람은 군인(soldier)이다

적

kindergarten 유치원
[kíndərgɑːrtn]

킨더(r)가~(r)튼 → 키도 같은 : 키도 같은 어린 아이들이 다니는
유치원(kindergarten)

유치원

키도 같은
kindergarten

noisy 시끄러운
[nɔ́izi]

노이(z)지 → No! 이 쥐! : 쥐가 사방에서 찍찍거리자 "No! 이 쥐!
시끄러워(noisy)!"
* noise 소음, 잡음

courage 용기
[kɜ́ːridʒ]

커~(r)리쥐 → 꼬리 쥐 : 쥐의 꼬리를 잡을 수 있는 용기(courage)

pond 연못
[pɑːnd]

파~ㄴ드 → 판다 : 연못(pond)을 만들기 위해 땅을 판다

다음 만화, 단어, 뜻을 관련 있는 것끼리 선으로 이어보세요.

 • kindergarten • • 용기

 • throw • • 연못

 • noisy • • 유치원

 • soldier • • 던지다

 • courage • • 시끄러운

 • pond • • 군인

A 한글 뜻을 보고 옆의 영어 단어 철자를 완성하세요.

1   시끄러운   n___ ___sy
2   유치원   kinder___ ___rten
3   던지다   thr___w
4   선택하다   ch___ ___se
5   이, 치아   t___ ___th
6   군대의   mili___ ___ry
7   힘, 무력   for___ ___
8   마술적인, 신비한   magic___ ___
9   군인   sold___ ___r
10 다치게 하다, 아프게 하다 h___rt
11 연못   ___ ___nd
12 용기   c___ ___rage

B 다음 단어들의 뜻을 적어보세요.

1   military   _____
2   magical   _____
3   courage   _____
4   kindergarten   _____
5   throw   _____
6   noisy   _____
7   force   _____
8   hurt   _____
9   tooth   _____
10 soldier   _____
11 pond   _____
12 choose   _____

06

laugh 웃다
[læf]

래(f)프 → 내가 프(하하) : 내가 프(하하) 웃다(laugh)

내가 프하하하 웃다
laugh

wallet 지갑
[wɑ́:lit]

와~ㄹ릿 → 알릿!(알리다) : 지갑(wallet)을 주우면 경찰서에 알릿!

지갑을 주워 알리다
wallet

exercise 운동; 운동하다
[éksərsaiz]

엑써(r)싸이(z)즈 → 애써 싸이즈 : 애써서 입는 옷 싸이즈를 줄이려고 운동하다(exercise)

XL→L

애써 싸이즈
exercise
줄이려 운동하다

breathe 호흡하다
[bri:ð]

브(r)리~(ð)드 → 부리 두 : 오리가 부리에 있는 두 콧구멍으로 호흡하다(breathe)

* breath[breθ](브레(θ)쓰) 숨, 호흡

호흡하다
부리 두 구멍
breathe

floor 바닥, 층
[flɔ:(r)]

(f)플로~(r) → 플러 : 짐을 바닥(floor)에 풀러 (놓다)

바닥에 짐을
풀러
floor

hurry 서두르다; 서두름
[hɝ́:ri]

허~(r)리 → 허리 : 허리를 크게 다쳐 병원으로 급히 서두르다(hurry)

허리를 크게 다쳐
hurry

서두르다

다음 만화, 단어, 뜻을 관련 있는 것끼리 선으로 이어보세요.

    hurry   운동;
운동하다

    breathe   웃다

    laugh   호흡하다

    floor   지갑

    wallet   바닥, 층

    exercise   서두르다;
서두름

spring 봄
[spriŋ]

스프(r)링 → 스프링 : 겨울잠을 자던 개구리가 땅속에서 스프링처럼 튀어나오는 봄(spring)

fall 1. 떨어지다 2. 가을
[fɔːl]

(f)포~ㄹ → 폴~ : 낙엽이 폴~ 폴~ 떨어지는(fall) 가을(fall)

winter 겨울
[wíntə(r)]

윈터(r) → 윙! 터(트다) : 겨울(winter)에는 윙! 하고 부는 찬바람에 손이 터

autumn 가을
[ɔ́:təm]

오~텀 → 오~ (추워) 떫(떨다) : 가을(autumn)이 되자 오~ 추워졌네 라며 몸을 떪

_____   _____

_____   _____

_____   _____

steal 훔치다
[sti:l]

스티~ㄹ → 스 틸(튀다) : 남의 돈을 훔쳐(steal) 슥 튈

_____   _____

_____   _____

_____   _____

farm 농장
[fɑːrm]

(f)파~(r)암 → 팜(파다) : 곡식을 심으려고 농장(farm)을 팜
* farmer 농부, 농민
 (f)파~(r)머(r) → 파 뭐: 농부(farmer)가 땅에서 파다. 뭐를? 채소를

_____   _____

_____   _____

_____   _____

다음 만화, 단어, 뜻을 관련 있는 것끼리 선으로 이어보세요.

steal

농장

farm

가을

winter

봄

spring

훔치다

autumn

1. 떨어지다
2. 가을

fall

겨울

A 한글 뜻을 보고 옆의 영어 단어 철자를 완성하세요.

1	훔치다	st___ ___l
2	웃다	lau___ ___
3	운동; 운동하다	e___ ___rcise
4	서두르다; 서두름	h___rry
5	가을	autu___ ___
6	봄	___ ___ring
7	바닥, 층	f___oor
8	농장	f___ ___m
9	호흡하다	breath___
10	지갑	w___ ___let
11	겨울	___ ___nter
12	1. 떨어지다 2. 가을	f___ll

B 다음 단어들의 뜻을 적어보세요.

1	spring	_____
2	hurry	_____
3	breathe	_____
4	winter	_____
5	farm	_____
6	autumn	_____
7	wallet	_____
8	fall	_____
9	floor	_____
10	steal	_____
11	laugh	_____
12	exercise	_____

4~6강 전체 복습

다음 단어들의 뜻을 적어 보세요.

4강

1	beggar	_____	7	bubble	_____
2	warn	_____	8	wall	_____
3	heaven	_____	9	problem	_____
4	address	_____	10	dark	_____
5	ache	_____	11	triangle	_____
6	headache	_____	12	doll	_____

5강

13	force	_____	19	throw	_____
14	magical	_____	20	soldier	_____
15	choose	_____	21	kindergarten	_____
16	military	_____	22	noisy	_____
17	tooth	_____	23	courage	_____
18	hurt	_____	24	pond	_____

6강

25	laugh	_____	31	spring	_____
26	wallet	_____	32	fall	_____
27	exercise	_____	33	winter	_____
28	breathe	_____	34	autumn	_____
29	floor	_____	35	steal	_____
30	hurry	_____	36	farm	_____

4~6강 전체 복습 정답

1 beggar 거지

2 warn 경고하다

3 heaven 천국, 하늘

4 address 주소

5 ache 아픔;아프다

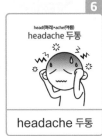

6 headache 두통

7 bubble 거품, 비눗방울

8 wall 벽, 담장

9 problem 문제

10 dark 어두운

11 triangle 삼각형, 트라이앵글(악기)

12 doll 인형

13 force 무력

14 magical 마술적인, 신비한

15 choose 선택하다

16 military 군대의

17 tooth 이, 치아

18 hurt 다치게 하다, 아프게 하다

19 throw 던지다

20 soldier 군인

21 kindergarten 유치원

22 noisy 시끄러운

23 courage 용기

24 pond 연못

25 laugh 웃다

26 wallet 지갑

27 exercise 운동;운동하다

28 breathe 호흡하다

29 floor 바닥, 층

30 hurry 서두르다; 서두름

31 spring 봄

32 fall 1. 떨어지다 2. 가을

33 winter 겨울

34 autumn 가을

35 steal 훔치다

36 farm 농장

mad 1. 화가 난 2. 미친
[mæd]

매드 → 매(를) 들(다) : 선생님이 화가 나서(mad) 매를 들고 학생을 미친(mad) 듯이 때리다

aloud 큰 소리로
[əláud]

얼라우드 → 얼라 우는 : 큰 소리로(aloud) 얼라가 우는
* loud 시끄러운, (소리가) 큰

between ~의 사이에
[bitwíːn]

비트위~ㄴ → 빛 트인: 빛이 커튼의 트인 사이로(between) 들어오다

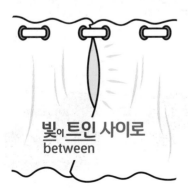

leave   1. 떠나다 2. 남겨두다
[liːv]

리~(v)브 → 이브 : 이브가 아담을 남겨두고(leave) 혼자 떠나다 (leave)

이브가 아담을 **남겨두고**
leave **떠나다**

아담   이브

---

clothes   옷
[klouðz]

클로우(z)즈 → 끌러주 : 옷(clothes)의 뒷지퍼 좀 끌러주세요

옷을 **끌러주**세요
clothes

---

watermelon   수박
[wɔ́ːtərmelən]

워~터(r)멜런 → water(물) + melon(멜론) : water(물)가 많이 든 melon(멜론)같이 생긴 수박(watermelon)

water(물)+melon(멜론)
watermelon 수박

물도 많고
멜론처럼 생겼고..

6단어 복습하기

다음 만화, 단어, 뜻을 관련 있는 것끼리 선으로 이어보세요.

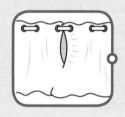

watermelon

clothes

aloud

leave

mad

between

1. 떠나다
2. 남겨두다

~의 사이에

1. 화가 난
2. 미친

옷

수박

큰 소리로

wise   현명한, 똑똑한
[waiz]

와이(z)즈 → 와('왜?'의 경상도 사투리) 잊으(잊어)? : 나는 똑똑한 (wise) 사람인데 그것을 와 잊어?

현명하고 똑똑한데
와 잊으?
wise

_____

daughter   딸
[dɔ́ːtə(r)]

도~터(r) → 또 터(텄다) : 남아선호사상이 깊던 조선시대 때 9명의 딸을 둔 아버지가 또 딸(daughter)이 태어나자 "또 텄다(글렀다)" 라고 말하다

shy   수줍어하는
[ʃai]

(ʃ)샤이 → 사위 : 사위가 장모님께 처음 인사드리며 수줍어하는(shy)

branch 나뭇가지
[bræntʃ]

브(r)랜취 → 불엔 치이~ : 불에는 치이~ 소리를 내며 잘 타는 나뭇가지(branch)

travel 여행하다; 여행
[trǽvl]

트(r)래(v)블 → 틀에 불 : 열기구의 틀에 불을 붙여 하늘을 여행하다(travel)

rough 거친, 험한
[rʌf]

(r)러(f)프 → 높으(높은) : 파도가 높은 바다가 거칠고(rough) 험한 (rough)

다음 만화, 단어, 뜻을 관련 있는 것끼리 선으로 이어보세요.

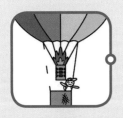

shy · · 딸

daughter · · 현명한, 똑똑한

travel · · 나뭇가지

wise · · 수줍어하는

branch · · 거친, 험한

rough · · 여행하다; 여행

A   한글 뜻을 보고 옆의 영어 단어 철자를 완성하세요.

1	수줍어하는	___ ___y
2	수박	water___ ___lon
3	1. 떠나다 2. 남겨두다	l___ ___ve
4	옷	cloth___ ___
5	~의 사이에	b___tween
6	여행하다; 여행	tra___ ___l
7	1. 화가 난 2. 미친	m___d
8	딸	d___ ___ghter
9	현명한, 똑똑한	w___se
10	거친, 험한	rou___ ___
11	나뭇가지	br___nch
12	큰 소리로	___ ___oud

B   다음 단어들의 뜻을 적어보세요.

1	daughter	_____
2	leave	_____
3	watermelon	_____
4	aloud	_____
5	rough	_____
6	wise	_____
7	clothes	_____
8	mad	_____
9	branch	_____
10	shy	_____
11	travel	_____
12	between	_____

danger 위험
[déindʒə(r)]

대인줘(r) → (뜨거운 것에) 데인 저(저것): 내가 데인 저 뜨거운 솥은 위험(danger)!
* dangerous 위험한

break 깨뜨리다, 부서지다
[breik]

브(r)레이크 → 달리던 자동차의 브레이크가 고장 나서 서있던 앞 차를 부서뜨리다(break)

bridge 다리
[bridʒ]

브(r)리쥐 → 브(브웅) 잇지(잇다) : 다리(bridge)가 물 위에 브웅 떠서 두 육지를 잇지

shout 소리치다
[ʃaut]

싸우는 **투**로 소리치다
shout

어쩌라고!!

(ʃ)샤우트 → 싸우는 투 : 싸우는 투로 소리치다(shout)

China 중국
[tʃáinə]

몽골
한국
중국
일본
대만

땅 크기가 **차이나**(차이가 나다)
china

좌이너 → 차이나(차이가 나다) : 땅 크기가 다른 나라와 엄청
차이가 나는 중국(China)
* Chinese 중국어; 중국의

begin 시작하다
[bigín]

비긴 두 팀 연장전
begin 시작해!

1 : 1

비긴 → 비긴 : 축구 시합에서 비긴 양 팀이 연장전을 바로 시작하다
(begin)

6단어 복습하기

다음 만화, 단어, 뜻을 관련 있는 것끼리 선으로 이어보세요.

　　　•　　bridge　　•　　•　시작하다

　　　•　　break　　•　　•　중국

　　　•　　China　　•　　•　깨뜨리다, 부서지다

　　　•　　danger　　•　　•　소리치다

　　　•　　shout　　•　　•　위험

　　　•　　begin　　•　　•　다리

carry 나르다, 운반하다
[kǽri]

캐(r)리 → 캐리 : 석탄을 캐리. 그리고 밖으로 나르다(carry)

밖으로 **나르다**

석탄을 **캐리**
carry

promise 약속; 약속하다
[prá:mis]

프(r)라~미스 → 구라(거짓말) 믿수 : 구라로(거짓으로) 한 약속
(promise)을 믿수?

구(프)**라**로 한 **약속**을
믿수?
promise

내돈!!

사기꾼

더큭

age 나이, 시대
[eidʒ]

에이쥐 → 애(아이)이지 : 나이(age)로 보면 쟤는 아직 애(아이)이지

나이로 보면
애(아이)**이지**
age

12살

pear 배
[peə(r)]

페어 pear 있는 배

페어(r) → 패여 : 벌레가 갉아먹어 패여 있는 배(pear)

country 1. 시골 2. 나라
[kʌ́ntri]

큰 tree(나무)가 country 있는 시골

그 시골들로 이루어진 나라

컨트(r)리 → 큰 트리(tree: 나무) : 오래된 큰 나무(tree)가 있는 시골(country)과 그러한 시골들로 이루어진 나라(country)
* countryside 시골 지역

exchange 교환하다, 바꾸다
[ikstʃéindʒ]

ex(강조)+change(바꾸다)
exchange 교환하다

익스췌인쥐 → ex(강조) + change(바꾸다) : 서로의 것을 완전히 바꾸다(exchange)

다음 만화, 단어, 뜻을 관련 있는 것끼리 선으로 이어보세요.

   exchange   약속; 약속하다

   country   배

   promise   나르다, 운반하다

   pear   나이, 시대

   carry   교환하다, 바꾸다

   age   1. 시골 2. 나라

A 한글 뜻을 보고 옆의 영어 단어 철자를 완성하세요.

1	소리치다	sh＿＿t
2	1. 시골 2. 나라	c＿＿ntry
3	위험	dan＿er
4	시작하다	b＿gin
5	다리	br＿＿ge
6	나르다, 운반하다	c＿rry
7	배	p＿＿r
8	교환하다, 바꾸다	＿＿change
9	중국	Ch＿na
10	깨뜨리다, 부서지다	br＿＿k
11	나이, 시대	a＿＿
12	약속; 약속하다	pro＿ise

B 다음 단어들의 뜻을 적어보세요.

1	begin
2	exchange
3	shout
4	break
5	China
6	danger
7	age
8	carry
9	pear
10	bridge
11	promise
12	country

agree 동의하다
[əgríː]

어그(r)리~ → 어, 그리(그렇게) (해라) : "어, 그리(그렇게) 해라."
하며 동의하다(agree)

carrot 당근
[kǽrət]

캐(r)럿 → 캐러 : 농부가 당근(carrot)을 캐러 가다

bottle 병
[báːtl]

바~를 (or 바~틀) → 빠를(빨) : 음료수 병(bottle)에 빨대를 꽂아
빠를(빨)

along ~을 따라
[əlɔ́ːŋ]

얼로~ㅇ → 어 long(긴) : 긴(long) 길이나 가로수 등을 따라서 (along) 가다

어 long(긴) / along 길을 따라서 데리고 가다

full 가득한
[ful]

풀 → 풀 : 사람이 살지 않는 앞마당에 풀이 가득한(full)

가득한 풀 full

math 수학(=mathematics)
[mæθ]

매(θ)쓰 → 몇 수(숫자) : 수가 몇인가 계산하는 수학(math) 과목

X는 몇 수? math

3+X=5

다음 만화, 단어, 뜻을 관련 있는 것끼리 선으로 이어보세요.

carrot • • 병

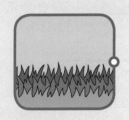

along • • 당근

agree • • 가득한

bottle • • 동의하다

math • • ~을 따라

full • • 수학

fear 두려움; 두려워하다
[fiər]

(f)피어(r) → 피여! : 피! 피여! 하며 강도가 든 칼에서 뚝뚝 떨어지는 피를 보며 두려워하다(fear)

---

sudden 갑작스러운
[sΛdn]

써든 → 서둔(서두는) : 방학숙제를 미루다가 개학을 코앞에 두고 갑작스러운(sudden) 행동으로 서둔

* suddenly 갑자기

---

beat 1. 때리다 2. 이기다
[biːt]

비~트 → 비트 : 상대방을 비틀고 때려서(beat) 이기다(beat)

hate 미워하다
[heit]

헤이트 → 헤이! 투! : 상대방이 Hey(헤이)! 하고 인사해도 투! 하고
침을 뱉으며 인사를 안 받을 정도로 미워하다(hate)

traffic 교통
[træfik]

트(r)래(f)픽 → 틀애 픽! : 네모난 틀로 이루어진 바둑판 모양의
도로들 위를 픽! 픽! 달리는 교통(traffic)

purse 지갑
[pɜːrs]

퍼~(r)스 → 팔 슉! : 소매치기가 지갑(purse)을 팔에서 슉! 빼내다

다음 만화, 단어, 뜻을 관련 있는 것끼리 선으로 이어보세요.

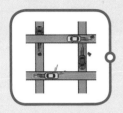 ● ● beat ● ● 지갑

 ● ● fear ● ● 미워하다

 ● ● hate ● ● 두려움;
두려워하다

 ● ● sudden ● ● 교통

 ● ● traffic ● ● 갑작스러운

 ● ● purse ● ● 1. 때리다
2. 이기다

A 한글 뜻을 보고 옆의 영어 단어 철자를 완성하세요.

1	수학	m___th
2	교통	tra___ ___ic
3	지갑	p___rse
4	1. 때리다 2. 이기다	b___ ___t
5	~을 따라	___ ___ong
6	미워하다	h___te
7	당근	ca___ _ ot
8	가득한	f___ll
9	두려움; 두려워하다	f___ ___r
10	갑작스러운	su___ ___en
11	동의하다	agr___ ___
12	병	bo___ ___le

B 다음 단어들의 뜻을 적어보세요.

1	along	_____
2	agree	_____
3	traffic	_____
4	math	_____
5	bottle	_____
6	fear	_____
7	hate	_____
8	purse	_____
9	full	_____
10	carrot	_____
11	beat	_____
12	sudden	_____

다음 단어들의 뜻을 적어 보세요.

7강

1 mad _____
2 aloud _____
3 between _____
4 leave _____
5 clothes _____
6 watermelon _____

7 wise _____
8 daughter _____
9 shy _____
10 branch _____
11 travel _____
12 rough _____

8강

13 danger _____
14 break _____
15 bridge _____
16 shout _____
17 China _____
18 begin _____

19 carry _____
20 promise _____
21 age _____
22 pear _____
23 country _____
24 exchange _____

9강

25 agree _____
26 carrot _____
27 bottle _____
28 along _____
29 full _____
30 math _____

31 fear _____
32 sudden _____
33 beat _____
34 hate _____
35 traffic _____
36 purse _____

1
mad 1. 화가 난 2. 미친

2
aloud 큰 소리로

3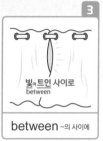
between ~의 사이에

4
leave 1. 떠나다 2. 남겨두다

5
clothes 옷

6
watermelon 수박

7
wise 현명한, 똑똑한

8
daughter 딸

9
shy 수줍어하는

10
branch 나뭇가지

11
travel 여행하다; 여행

12
rough 거친, 험한

13
danger 위험

14
break 깨뜨리다, 부서지다

15
bridge 다리

16
shout 소리치다

17
China 중국

18
begin 시작하다

19
carry 나르다, 운반하다

20
promise 약속; 약속하다

21
age 나이, 시대

22
pear 배

23
country 1. 시골 2. 나라

24
exchange 교환하다, 바꾸다

25
agree 동의하다

26
carrot 당근

27
bottle 병

28
along ~을 따라

29
full 가득한

30
math 수학

31
fear 두려움; 두려워하다

32
sudden 갑작스러운

33
beat 1. 때리다 2. 이기다

34
hate 미워하다

35
traffic 교통

36
purse 지갑

hug 껴안다, 포옹하다
[hʌg]

허그 → 헉! : 꼭 껴안아서(hug) 숨이 막혀 헉!

imagine 상상하다
[imǽdʒin]

이매쥔 → 이마 쥔 : 이마를 쥔 채 상상하다(imagine)

enough 충분한; 충분히
[inʌ́f]

이너(f)프 → 이 높으 : 성이 이렇게 높으면 적을 막기에 충분하다 (enough)

fill 채우다
[fil]

(f)필 → 피를 : 헌혈할 때 수액 봉지에 피를 가득 채우다(fill)

피를 채우다
fill

---

guess 추측하다
[ges]

게스 → 개수 : '친구 주먹 속의 동전의 개수가 몇 개일까?' 하고 추측하다(guess)

개수를 추측하다
guess

몇개?

??

---

mix 섞다, 혼합하다
[miks]

믹스 → 믹스 : 믹서기(mixer)란 과일, 우유 등을 넣고 이들을 갈아서 섞는 기계로 mix(섞다) + er(~것, ~사람)

믹서기
mix(섞다)+er(~것)

다음 만화, 단어, 뜻을 관련 있는 것끼리 선으로 이어보세요.

guess · · 충분한; 충분히

mix · · 껴안다, 포옹하다

enough · · 채우다

hug · · 상상하다

fill · · 추측하다

imagine · · 섞다, 혼합하다

hell 지옥
[hel]

헬 → 헬헬 : 지옥(hell)의 독가스에 헬헬(헥헥)거리다

scissors 가위
[sízərz]

씨(z)저(r)(z)즈 → 찢어주 : 가위(scissors)로 종이를 찢어주다

angry 화가 난
[ǽŋgri]

앵그(r)리 → 앵! 구리 : 구리반지를 선물 받은 여자친구가 "앵! 구리반지? 은반지도 아니고!"하고 화가 난(angry)

stair 계단
[steə(r)]

스테어(r) → 슥 태워 : 계단(stair)에서 아이를 슥 무등을 태워 오르다

---

downstairs
아래층; 아래층에
[dàunstéə(r)z]

다운스테어(r)(z)즈 → down(아래에) + stair(계단) : 아래층 (downstairs)

---

upstairs 위층; 위층에
[ʌ̀pstéə(r)z]

업스테어(r)(z)즈 → up(위에) + stair(계단) : 위층(upstairs)

다음 만화, 단어, 뜻을 관련 있는 것끼리 선으로 이어보세요.

upstairs

stair

hell

downstairs

scissors

angry

아래층; 아래층에

위층; 위층에

화가 난

지옥

계단

가위

A 한글 뜻을 보고 옆의 영어 단어 철자를 완성하세요.

1	가위	___ ___issors
2	채우다	f___ll
3	상상하다	imag___ ___e
4	아래층; 아래층에	downsta___ ___s
5	위층; 위층에	upsta___ ___s
6	충분한; 충분히	en___ ___gh
7	지옥	h___ll
8	계단	st___ ___r
9	섞다, 혼합하다	m___ ___
10	추측하다	g___ ___ss
11	껴안다, 포옹하다	h___g
12	화가 난	___ ___gry

B 다음 단어들의 뜻을 적어보세요.

1	enough	_____
2	mix	_____
3	scissors	_____
4	upstairs	_____
5	guess	_____
6	fill	_____
7	stair	_____
8	imagine	_____
9	angry	_____
10	hell	_____
11	downstairs	_____
12	hug	_____

vinegar 식초
[vínigə(r)]

비린거
vinegar

(v)비니거(r) → 비린 거 : 생선과 같이 냄새가 비린 거에 식초 (vinegar)를 넣어 비린 냄새를 없애다

seed 씨, 씨앗
[si:d]

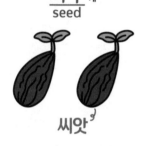

씨 두 개
seed

씨앗

씨~드 → 씨~두 : 씨(seed) 두 개

delicious 맛있는
[dilíʃəs]

맛있는 거 먹으러
또 들리셨어
delicious

딜리(ʃ)셔스 → 들리셨으 : "맛있는(delicious) 거 먹으러 이 음식점에 또 들리셨어"

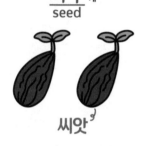

084 경선식 영단어

apologize 사과하다
[əpάːlədʒaiz]

사과하다
자 잊으~
apologize
한(a) 팔로

어**파**~ㄹ러좌이(**z**)즈 → a(하나의) 팔로 자 이즈(잊으 : 잊다) : 한(a) 팔로 "자 싸운 것은 잊어!"하고 악수를 청하며 사과하다(apologize)

remember 기억하다
[rimémbə(r)]

니 멤버
remember
였지?
기억해내다
끄덕

리**멤**버(r) → 니 멤버(member : 회원, 멤버) : 니 (우리 클럽) 멤버 아니었어? 하고 기억해내다(remember)

battle 전투, 싸움
[bǽtl]

배틀 → 뱉을 : 싸움(battle)을 하면서 서로에게 침을 뱉을

싸움 하면서 침을 **뱉을**
battle

다음 만화, 단어, 뜻을 관련 있는 것끼리 선으로 이어보세요.

	battle		맛있는
	remember		씨, 씨앗
	seed		기억하다
	apologize		식초
	vinegar		사과하다
	delicious		전투, 싸움

valley 계곡
[vǽli]

> (v)밸리 → 벨리! : 거인이 "산을 두 갈래로 벨리!"라며 산을 가르자 생긴 계곡(valley)

---

different 서로 다른
[dífərənt]

> 디(f)퍼(r)런트 → 뒤 퍼런투 : 다른 사과는 빨간데 이 사과만 뒤 부분이 퍼런색으로 다른(different)

---

light 빛
[lait]

light(불)+er(~것)
lighter 라이터

> 라이트 → 라이터(lighter)란 light(불) + er(~것, ~사람), 즉 빛(light)을 만들어내는 것

---

taste 맛보다
[teist]

간이 맞는지 **테스트**하며
taste
맛보다

prison 감옥
[prízn]

프리(free:자유)**준**
prison
↓

○○감옥

hobby 취미
[háːbi]

256 + 478 = ?
두 수의 **합이** 뭘까?
hobby

항상 덧셈을
하는 것이
→ **취미**

다음 만화, 단어, 뜻을 관련 있는 것끼리 선으로 이어보세요.

 • different • • 취미

 • taste • • 감옥

 • valley • • 서로 다른

 • light • • 맛보다

 • hobby • • 계곡

 • prison • • 빛

A 한글 뜻을 보고 옆의 영어 단어 철자를 완성하세요.

1	감옥	pr___ ___on
2	사과하다	apolog___ ___e
3	빛	li___ ___t
4	전투, 싸움	ba___ ___le
5	맛보다	t___ ___te
6	씨, 씨앗	s___ ___d
7	기억하다	___ ___member
8	식초	vi___ ___gar
9	서로 다른	diff___ ___ent
10	취미	h___bby
11	맛있는	de___ ___cious
12	계곡	___ ___lley

B 다음 단어들의 뜻을 적어보세요.

1	vinegar	_____
2	battle	_____
3	valley	_____
4	hobby	_____
5	seed	_____
6	different	_____
7	apologize	_____
8	prison	_____
9	delicious	_____
10	taste	_____
11	remember	_____
12	light	_____

harmony 조화, 조화로움
[háːrməni]

하~(r)머니 → 하모니카 : 하모니카의 여러 칸칸에 불어 나오는 음이
이루는 조화(harmony)

조화로운 하모니카
harmony

cabbage 양배추
[kǽbidʒ]

캐비쥐 → 캐 비쥐(비어내지) : 양배추(cabbage)를 밭에서 캐어
칼로 뿌리를 비어내지(베어내지)

양배추를
캐 뿌리를 비지
cabbage

celebrate 축하하다
[séləbreit]

쎌러브(r)레이트 → 쎄려부레이t : 생일을 축하하기(celebrate)
위해 생일빵으로 친구를 쎄려부리는(때려버리는)

쎄려부리는
celebrate

생일
축하한다!

build 건축하다
[bild]

빌딩을 건축하다
build

빌드 → 빌드 : 빌딩(building)을 건축하다(build)

decide 결심하다, 결정하다
[disáid]

뒤 side(가장자리)로
decide 결정하다

디사이드 → 뒤 side(가장자리) : 극장에서 자리를 선택할 때, 뒤의 사이드(가장자리) 쪽으로 결정하다(decide)

foreign 외국의
[fɔ́ːrən]

외국사람   눈이 퍼런색이다
         foreign

(f)포~(r)런 → 퍼런 : 외국(foreign) 사람의 눈동자가 퍼런(파란)
* foreigner 외국인

다음 만화, 단어, 뜻을 관련 있는 것끼리 선으로 이어보세요.

celebrate • • 양배추

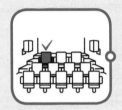

cabbage • • 건축하다

decide • • 조화, 조화로움

harmony • • 축하하다

build • • 외국의

foreign • • 결심하다, 결정하다

cook 요리하다; 요리사
[kuk]

쿡 → 국 : (미역)국을 요리하다(cook)

미역**국**(쿡)을 **요리하다**
cook

garbage 쓰레기
[gáːrbidʒ]

가~(r)비쥐 → (담뱃)갑이지 : 환경미화원이 "(담뱃)갑이지"하며 담뱃갑 쓰레기(garbage)를 줍다

담뱃**갑이지**
garbage

쓰레기

trouble 문제, 곤란함
[trʌbl]

트(r)러블 → 틀어 불 : 가스레인지의 스위치를 틀어 집에 불을 내서 문제(trouble)를 일으킨

곤란,
문제

틀어 불
trouble

homework 숙제
[hóumwɜːrk]

호움워~(r)크 → home(가정, 집) + work(일, 공부) : 가정에서
해야 할 공부, 즉 숙제(homework)

home(가정,집)+work(일,공부)
homework 숙제

whole 전부; 전부의
[houl]

호울 → 올(all : 전부의) : 전부(whole)

전부

호울(whole) → 올(all)

sharp 날카로운, 뾰족한
[ʃɑːrp]

1. (ʃ)샤~(r)프 → 샤압! : 샤압! 하고 날카로운(sharp) 칼을 휘두르다
2. (ʃ)샤~(r)프 → 샤프 : 샤프연필은 뾰족한(sharp) 심을 사용하는
   연필

날카로운

샤압!
sharp

다음 만화, 단어, 뜻을 관련 있는 것끼리 선으로 이어보세요.

trouble

날카로운, 뾰족한

cook

숙제

homework

요리하다; 요리사

garbage

전부; 전부의

whole

쓰레기

sharp

문제, 곤란함

A   한글 뜻을 보고 옆의 영어 단어 철자를 완성하세요.

1   건축하다   b___ ___ld
2   외국의   for___ ___gn
3   전부; 전부의   ___ ___ole
4   조화, 조화로움   h___ ___mony
5   축하하다   cele___ ___ate
6   요리하다; 요리사   c___ ___k
7   숙제   ho___ ___work
8   날카로운, 뾰족한   sh___ ___p
9   결심하다, 결정하다   d___ ___ide
10 양배추   ca___ ___age
11 문제, 곤란함   tro___ble
12 쓰레기   gar___age

B   다음 단어들의 뜻을 적어보세요.

1   foreign   _____
2   whole   _____
3   sharp   _____
4   trouble   _____
5   build   _____
6   homework   _____
7   cabbage   _____
8   decide   _____
9   cook   _____
10 garbage   _____
11 harmony   _____
12 celebrate   _____

10~12강 전체 복습

다음 단어들의 뜻을 적어 보세요.

10강

1 hug _____

2 imagine _____

3 enough _____

4 fill _____

5 guess _____

6 mix _____

7 hell _____

8 scissors _____

9 angry _____

10 stair _____

11 downstairs _____

12 upstairs _____

11강

13 vinegar _____

14 seed _____

15 delicious _____

16 apologize _____

17 remember _____

18 battle _____

19 valley _____

20 different _____

21 light _____

22 taste _____

23 prison _____

24 hobby _____

12강

25 harmony _____

26 cabbage _____

27 celebrate _____

28 build _____

29 decide _____

30 foreign _____

31 cook _____

32 garbage _____

33 trouble _____

34 homework _____

35 whole _____

36 sharp _____

10~12강 전체 복습 정답

1  hug 껴안다, 포옹하다	**2**  imagine 상상하다	**3**  enough 충분한; 충분히
4  fill 채우다	**5**  guess 추측하다	**6**  mix 섞다, 혼합하다
7  hell 지옥	**8**  scissors 가위	**9**  angry 화가 난
10  stair 계단	**11**  downstairs 아래층; 아래층에	**12**  upstairs 위층; 위층에
13  vinegar 식초	**14**  seed 씨, 씨앗	**15**  delicious 맛있는
16  apologize 사과하다	**17**  remember 기억하다	**18**  battle 전투, 싸움
19  valley 계곡	**20**  different 서로 다른	**21**  light 빛
22  taste 맛보다	**23**  prison 감옥	**24**  hobby 취미
25  harmony 조화, 조화로움	**26**  cabbage 양배추	**27**  celebrate 축하하다
28  build 건축하다	**29**  decide 결심하다, 결정하다	**30**  foreign 외국의
31  cook 요리하다; 요리사	**32**  garbage 쓰레기	**33**  trouble 문제, 곤란함
34  homework 숙제	**35**  whole 전부; 전부의	**36** sharp 날카로운, 뾰족한

barber 이발사
[báːrbə(r)]

바~(r)버(r) → 바보 : 머리를 영구처럼 바보로 깎아 놓은 이발사 (barber)

circle 원
[sə́ːrkl]

써~(r)클 → 섞을 : 면에 짜장 소스를 넣고 원(circle)을 그리며 섞을

wet 젖은
[wet]

웨트 → 외투 : 외투가 비에 젖은(wet)

supper 저녁식사
[sʌ́pə(r)]

저녁식사를
썩! 퍼주다
supper

써퍼(r) → 썩 퍼 : 엄마가 저녁밥(supper)을 썩 퍼주다

---

thin 가는, 얇은
[θin]

날씬하고 가늘다
thin

(θ)씬 → (날)씬 : (날)씬하고 가는(thin) 몸매

---

thick 두꺼운
[θik]

띡!
thick

두꺼운 얼음

(θ)씩 → 띡! : 두꺼운(thick) 얼음에 띡! 하고 금이 가다

다음 만화, 단어, 뜻을 관련 있는 것끼리 선으로 이어보세요.

thick · · 가는, 얇은

supper · · 두꺼운

barber · · 젖은

thin · · 이발사

circle · · 저녁식사

wet · · 원

fortune 행운, 운
[fɔ́ːrtʃuːn]

(f)퍼~(r)추~ㄴ → four(4) 천 : four(4)천만 원의 복권에 당첨된 행운(fortune)
* fortunate 행운의, 운이 좋은

basketball 농구
[bǽskitbɔːl]

배스킷보~ㄹ → basket(바구니) + ball(공) : 바구니(basket)에 공(ball)을 넣어 득점을 하는 농구(basketball)

volleyball 배구
[vɑ́ːlibɔːl]

(v)바~ㄹ리보~ㄹ → 발리(빨리) ball(공) : 빨리 ball(공)을 받아넘겨야 하는 배구(volleyball)

foolish
어리석은, 바보 같은
[fúːliʃ]

바보 같은

눈동자가
(풀리쉬)
풀리시다
foolish

(f)푸~ㄹ리(ʃ)쉬 → 풀리시다 : 눈동자가 풀리신 바보 같은 (foolish) 모습
* fool 바보

---

voice 목소리
[vɔis]

boys(소년들)
voice

목소리

소년합창단

(v)보이스 → boys(소년들) : 합창단에 있는 boys(소년들)의 목소리(voice)

---

believe 믿다
[bilíːv]

부처님께 **빌리**(브)
believe

믿음

빌리~(v)브 → 빌리 브(부) : "부처님께 빌리"하며 불교를 믿다(believe)

다음 만화, 단어, 뜻을 관련 있는 것끼리 선으로 이어보세요.

 • voice • • 배구

 • believe • • 행운, 운

 • volleyball • • 어리석은, 바보 같은

 • fortune • • 농구

 • foolish • • 목소리

 • basketball • • 믿다

A 한글 뜻을 보고 옆의 영어 단어 철자를 완성하세요.

1	배구	v___lleyball
2	이발사	b___ ___ber
3	가는, 얇은	___ ___in
4	두꺼운	thi___ ___
5	어리석은, 바보 같은	fooli___ ___
6	행운, 운	fort___ ___e
7	젖은	w___t
8	믿다	bel___ ___ve
9	목소리	v___ ___ce
10	원	c___rcle
11	저녁식사	su___ ___er
12	농구	bas___ ___tball

B 다음 단어들의 뜻을 적어보세요.

1 fortune _____

2 basketball _____

3 barber _____

4 wet _____

5 circle _____

6 thin _____

7 supper _____

8 foolish _____

9 thick _____

10 voice _____

11 believe _____

12 volleyball _____

emotion 감정
[imóuʃən]

이모우(ʃ)션 → 이모 우셔 : 이모가 감정(emotion)에 북받쳐 우셔

이모가 **감정**에 북받쳐
우셔
emotion
흑흑
흑흑
이모→

position 위치
[pəzíʃən]

퍼(z)지(ʃ)션 → 퍼지셔! : 야구감독이 선수들에게 "각자 맡은 위치 (position)로 퍼지셔!"라고 소리치다

3루수
2루수
1루수
각자 맡은 **위치**로
퍼지셔!
position
감독

dozen 12개
[dʌ́zn]

더(z)즌 → 더 준 : 10개에 2개를 더 준, 즉 12개(dozen)

10개에 2개 **더 준**
dozen
12개
10+2
1 3 5 7 9 11 12
2 4 6 8 10

damage 손상, 피해
[dǽmidʒ]

대미쥐 → 댐이 쥐 : (소양강) 댐이 이것저것 갉아먹는 쥐때문에 입은 손상(damage)

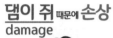

댐이 쥐 때문에 손상
damage

strike 치다
[straik]

스트(r)라이크 → 스트라이크 : 스트라이크로 들어오는 볼을 타자가 치다(strike)

스트라이크
strike
공을 치다

hungry 배고픈
[hʌ́ŋgri]

헝그(r)리 → 헝가리 : 헝가리 나라의 경제가 어려워 국민 모두가 항상 배고픈(hungry)

헝가리
hungry

배고픈

다음 만화, 단어, 뜻을 관련 있는 것끼리 선으로 이어보세요.

dozen • 치다

emotion • 배고픈

damage • 12개

position • 감정

strike • 손상, 피해

hungry • 위치

tray 쟁반

[trei]

트(r)레이 → 틀에 이(2) : 네모난 쟁반(tray) 틀에 2(이)개의 커피 잔이 있다

쟁반 **틀에 이**(2)잔의 커피
tray

sunlight 햇빛

[sʌ́nlait]

선라이트 → sun(태양) + light(빛) : 태양 빛, 즉 햇빛

sun(태양)+light(빛)
sunlight 햇빛

once 한 번

[wʌns]

원스 → 원(one : 하나의) 쓰 : 네 자전거 one(하나의) 횟수만 쓰자, 한 번(once)만!

네 자전거
one(한) 번만 쓰자
once

tired   피곤한
[táiərd]

넥**타이** 메고 **어두**울 때까지
tired   일하다

피곤한

타이어(r)드 → (넥)타이 어두(운) : (넥)타이를 매고 어두울 때까지
일해서 피곤한(tired)

_____   _____
- - - - - - - - - -   - - - - - - - - - -
_____   _____

_____   _____
- - - - - - - - - -   - - - - - - - - - -
_____   _____

shower
1. 샤워(하기) 2. 소나기
[ʃáuə(r)]

샤워기
shower

소나기

(ʃ)샤워(r) → 샤워 : 샤워기에서 나오는 물줄기같이 퍼붓는 소나기
(shower)

_____   _____
- - - - - - - - - -   - - - - - - - - - -
_____   _____

_____   _____
- - - - - - - - - -   - - - - - - - - - -
_____   _____

cave   굴, 동굴
[keiv]

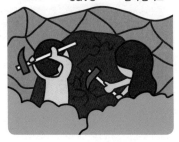

동굴을 **캐**다 **이브**와 아담이
cave   같이 살려고

케이(v)브 → 캐 이브 : 아담과 이브가 살 곳을 마련하기 위해 동굴
(cave)을 캐다

_____   _____
- - - - - - - - - -   - - - - - - - - - -
_____   _____

_____   _____
- - - - - - - - - -   - - - - - - - - - -
_____   _____

다음 만화, 단어, 뜻을 관련 있는 것끼리 선으로 이어보세요.

 • cave • • 한 번

 • tired • • 쟁반

 • tray • • 피곤한

 • shower • • 햇빛

 • sunlight • • 1. 샤워(하기)
2. 소나기

 • once • • 굴, 동굴

A 한글 뜻을 보고 옆의 영어 단어 철자를 완성하세요.

1	쟁반	___ ___ay
2	12개	do___ ___n
3	굴, 동굴	___ave
4	피곤한	t___ ___ed
5	위치	pos___ ___ion
6	치다	str___ke
7	햇빛	sunli___ ___t
8	한 번	on___e
9	감정	___motion
10	1. 샤워(하기) 2. 소나기	sh___ ___wer
11	배고픈	hun___ ___y
12	손상, 피해	da___ ___ge

B 다음 단어들의 뜻을 적어보세요.

1	damage	_____
2	once	_____
3	position	_____
4	strike	_____
5	tray	_____
6	tired	_____
7	emotion	_____
8	sunlight	_____
9	hungry	_____
10	shower	_____
11	cave	_____
12	dozen	_____

orchard 과수원
[ɔ́ːrtʃərd]

오~(r)춰(r)드 → 오! 자두 : 오! 자두가 열린 과수원(orchard)

과수원

오! 자두
orchard

---

goal 1. 골 2. 목표
[goul]

고울 → 골 : 골을 넣는 것이 축구경기의 목표(goal)

골을 넣는 것이 축구의 **목표**
goal

---

dental 이의, 치과의
[déntl]

덴틀 → 댄(대다) 털 : 칫솔질하려고 칫솔의 털을 댄 이의(dental) 모습
* dentist 치과의사

치아에 **댄**(대다) **털**
dental

칫솔의 털

이의

habit 습관, 버릇
[hǽbit]

해빗 → 햇빛 : 햇빛만 보면 눈을 찡그리는 버릇(habit)과 습관
(habit)

---

other 다른; 다른 것
[ʌ́ðə(r)]

어(ð)더(r) → 어 더 : "주인아저씨, 어, 더 없어요? 이것 말고 다른
거(other)요?"

---

another
다른 하나의; 다른 것
[ənʌ́ðə(r)]

어너(ð)더(r) → an(하나의) + other(다른) : 하나의 다른, 즉
다른 하나의(another)

다음 만화, 단어, 뜻을 관련 있는 것끼리 선으로 이어보세요.
(연상되는 만화가 없는 경우, 단어와 뜻만 연결하세요.)

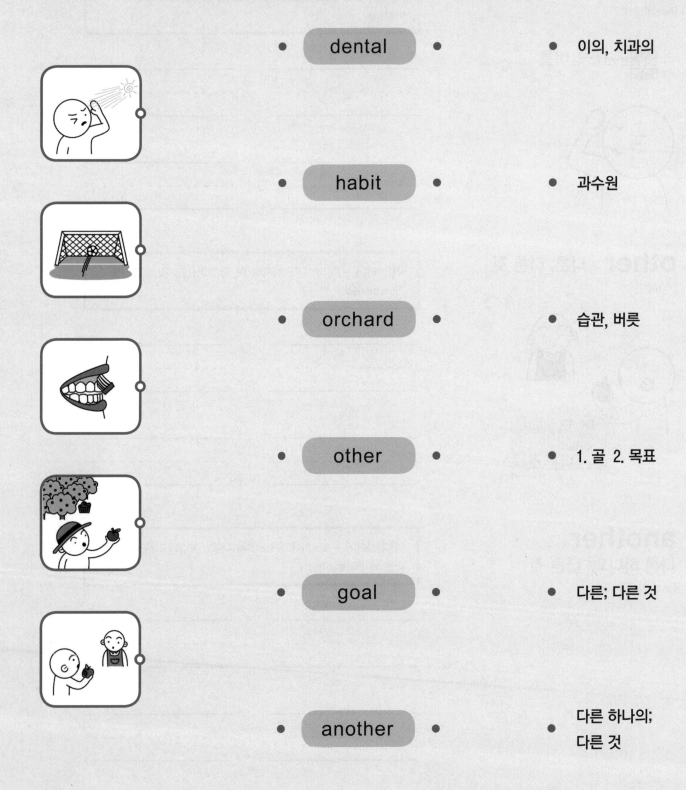

dental · · 이의, 치과의

habit · · 과수원

orchard · · 습관, 버릇

other · · 1. 골 2. 목표

goal · · 다른; 다른 것

another · · 다른 하나의;
다른 것

charm 매력
[tʃɑːrm]

참한 것이 그녀의 **매력**
charm

> 촤~(r)암 → 참(하다) : 참한 것이 그녀의 매력(charm)
> * charming 매력적인

---

piece 한 장, 한 조각
[piːs]

한 장씩 쫙 **피스**(폈어)
piece

> 피~스 → 폈스(폈어) : 구겨진 종이 뭉치를 한 장(piece)씩 쫙 폈스
> (폈어)

---

future 미래
[fjúːtʃə(r)]

먼 **미래**...

퓨우~

쳐(치다)
future

> (f)퓨~춰(r) → 퓨~ 쳐(치다) : 먼 미래(future)에 혜성이 퓨~
> 날라와 지구를 쳐서 지구가 멸망할 것이다

grand 웅장한

[grænd]

9(구)개의 land(땅)을 합쳐놓아
grand

웅장한

그(r)랜드 → 구(9) land : 9개의 land(땅)를 합쳐놓아 웅장한 (grand) 땅

grandfather
할아버지

[grǽndfɑ:ðə(r)]

그(r)랜드(f)파~(ð)더(r) → grand(웅장한) + father(아버지)

grandmother
할머니

[grǽndmʌðə(r)]

그(r)랜드머(ð)더(r) → grand(웅장한) + mother(어머니)

다음 만화, 단어, 뜻을 관련 있는 것끼리 선으로 이어보세요.
(연상되는 만화가 없는 경우, 단어와 뜻만 연결하세요.)

charm • • 할머니

piece • • 웅장한

grand • • 매력

future • • 할아버지

grandfather • • 한 장, 한 조각

grandmother • • 미래

A 한글 뜻을 보고 옆의 영어 단어 철자를 완성하세요.

1	습관, 버릇	ha___ ___t
2	과수원	___ ___chard
3	할아버지	g___ ___ndfather
4	다른 하나의; 다른 것	an___ther
5	이의, 치과의	d___ntal
6	매력	ch___ ___m
7	웅장한	gr___nd
8	할머니	g___ ___ndmother
9	다른; 다른 것	___ther
10	1. 골 2. 목표	g___ ___l
11	미래	fu___ ___re
12	한 장, 한 조각	p___ ___ce

B 다음 단어들의 뜻을 적어보세요.

1	another	
2	grandfather	
3	grandmother	
4	future	
5	habit	
6	grand	
7	goal	
8	other	
9	charm	
10	piece	
11	orchard	
12	dental	

다음 단어들의 뜻을 적어 보세요.

13강

1 barber _____
2 circle _____
3 wet _____
4 supper _____
5 thin _____
6 thick _____

7 fortune _____
8 basketball _____
9 volleyball _____
10 foolish _____
11 voice _____
12 believe _____

14강

13 emotion _____
14 position _____
15 dozen _____
16 damage _____
17 strike _____
18 hungry _____

19 tray _____
20 sunlight _____
21 once _____
22 tired _____
23 shower _____
24 cave _____

15강

25 orchard _____
26 goal _____
27 dental _____
28 habit _____
29 other _____
30 another _____

31 charm _____
32 piece _____
33 future _____
34 grand _____
35 grandfather _____
36 grandmother _____

1  barber 이발사

2  circle 원

3  wet 젖은

4  supper 저녁식사

5  thin 가는, 얇은

6  thick 두꺼운

7 fortune 행운, 운

8  basketball 농구

9  volleyball 배구

10  foolish 어리석은, 바보 같은

11  voice 목소리

12  believe 믿다

13  emotion 감정

14  position 위치

15  dozen 12개

16  damage 손상, 피해

17  strike 치다

18  hungry 배고픈

19  tray 쟁반

20  sunlight 햇빛

21  once 한 번

22  tired 피곤한

23  shower 1. 샤워(하기) 2. 소나기

24  cave 굴, 동굴

25  orchard 과수원

26  goal 1. 골 2. 목표

27 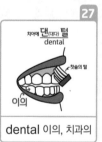 dental 이의, 치과의

28  habit 습관, 버릇

29  other 다른; 다른 것

30  another 다른 하나의; 다른 것

31  charm 매력

32  piece 한 장, 한 조각

33 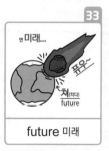 future 미래

34 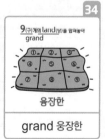 grand 웅장한

35  grandfather 할아버지

36  grandmother 할머니

beer 맥주
[biə(r)]

비어(r) → 비워! : 맥주(beer)가 든 잔을 들고 "모두 잔을 비워!"

kid 아이
[kid]

키드 → 키두(키도) : 키두(키도) 작은 아이(kid)

goldfish 금붕어
[góuldfiʃ]

고울드(f)피(ʃ)쉬 → gold(금) + fish(물고기) : gold(금) 색깔의 fish(물고기)인 금붕어(goldfish)

beach 해변

[biːtʃ]

빛이 비치는
beach

해변

비~취 → 빛이 : 바다 위로 빛이 비치는 해변(beach)

_____   _____

- - - - - - - - - - - - - - - - - - -   - - - - - - - - - - - - - - - - - - -

_____   _____

_____   _____

- - - - - - - - - - - - - - - - - - -   - - - - - - - - - - - - - - - - - - -

_____   _____

earth 지구, 땅

[ɜːrθ]

빙하기가 오면 **얼 수**도 있다
earth

지구, 땅

어~(r)(θ)쓰 → 얼 수(도) : 빙하기가 오면 전 지구(earth)가 얼 수도 있다

_____   _____

- - - - - - - - - - - - - - - - - - -   - - - - - - - - - - - - - - - - - - -

_____   _____

_____   _____

- - - - - - - - - - - - - - - - - - -   - - - - - - - - - - - - - - - - - - -

_____   _____

pass

1. 건네주다 2. 통과하다

[pæs]

건네
주다

통과하다

패스
pass

패스 → 패스 : 축구에서 공을 이리저리 패스하며 수비수 사이를 통과하여(pass) 건네주다(pass)

_____   _____

- - - - - - - - - - - - - - - - - - -   - - - - - - - - - - - - - - - - - - -

_____   _____

_____   _____

- - - - - - - - - - - - - - - - - - -   - - - - - - - - - - - - - - - - - - -

_____   _____

다음 만화, 단어, 뜻을 관련 있는 것끼리 선으로 이어보세요.

   • pass •   • 금붕어

   • earth •   • 아이

   • kid •   • 지구, 땅

   • beach •   • 맥주

   • beer •   • 해변

   • goldfish •   • 1. 건네주다 2. 통과하다

reason 이유
[ríːzn]

이유를 잊은
reason

(r)리~(z)즌 → 잊은 : "왜 그랬지?", "왜 했지?"하고 무언가의 이유 (reason)를 잊은

playground
운동장, 놀이터
[pléigraund]

play(놀다, 경기하다)+ground(땅, 장소)
playground
운동장,놀이터

플레이그(r)라운드 → play(놀다, 경기하다) + ground(땅, 장소) : 노는 땅(장소), 또는 경기하는 땅(장소), 즉 운동장(playground)

follow 따라가다
[fáːlou]

팔로잡고
follow **따라가다**

(f)파~ㄹ로우 → 팔로우 : 앞사람을 팔로 잡고 따라가다(follow)

free 자유로운
[fri:]

풀이 더 자유로운
free

자유로운 정도

(f)프(r)리~ → 풀이 : 숙제도 없고 학교에 갈 필요도 없는 들판의 풀이 더 자유로운

hang 매달다, 매달리다
[hæŋ]

매달려있다

행 → 행! : 코를 행! 하고 풀어 콧물이 코에 매달리다(hang)

leaf 잎 (복수. leaves)
[li:f]

맆(잎)
leaf

리~(f)프 → 맆 : 잎(leaf)

다음 만화, 단어, 뜻을 관련 있는 것끼리 선으로 이어보세요.

 • follow • 운동장, 놀이터

 • playground • 자유로운

 • hang • 이유

 • reason • 따라가다

 • free • 잎

 • leaf • 매달다, 매달리다

A 한글 뜻을 보고 옆의 영어 단어 철자를 완성하세요.

1	따라가다	foll___ ___
2	잎	l___ ___f
3	지구, 땅	___ ___rth
4	이유	rea___on
5	자유로운	fr___ ___
6	1. 건네주다 2. 통과하다	pa___ ___
7	금붕어	go___dfish
8	맥주	b___ ___r
9	매달다, 매달리다	h___ng
10	아이	k___ ___
11	해변	b___ ___ch
12	운동장, 놀이터	play___ ___ound

B 다음 단어들의 뜻을 적어보세요.

1	pass	_____
2	hang	_____
3	leaf	_____
4	follow	_____
5	beach	_____
6	free	_____
7	kid	_____
8	earth	_____
9	reason	_____
10	playground	_____
11	beer	_____
12	goldfish	_____

order
1. 명령; 명령하다 2. 주문하다
[ɔ́ːrdə(r)]

명령하다, 주문하다

5그릇더! order

오~(r)더(r) → 오(5) 더 : 웨이터에게 5그릇 더 가지고 오라고 명령하듯이(order) 주문하다(order)

lonely 외로운
[lóunli]

손을 왜 놓니? lonely

우리 헤어져

그럼 나 외로워

로운리 → 놓니 : "잡고 있던 손을 왜 놓니? 나 외로워(lonely)"

grace 우아함
[greis]

그 레이스 grace 달린 옷... 우아함

끄덕

그(r)레이스 → 그 레이스 : 그 레이스(lace) 달린 옷이 참으로 우아함(grace)
* graceful 우아한

dirty 더러운
[də́ːrti]

더~(r)티 → 더 티(튀다) : 흙탕물이 옷에 더 튀어 더러운(dirty)

더러운

더 티(튀다)
dirty

plant 식물; 심다
[plænt]

플랜트 → 풀 낸 two(2) : 심은 two(2) 씨앗이 땅 밖으로 풀을 낸 식물(plant)

풀 낸 two(2) 식물
plant

greenhouse 온실
[gríːnhaus]

그(r)리~ㄴ하우스 → green(초록색의) + house(집) : 초록색의 (green) 식물들로 채워진 집(house), 온실(greenhouse)

green(초록색의)+house(집)
greenhouse 온실

다음 만화, 단어, 뜻을 관련 있는 것끼리 선으로 이어보세요.

lonely

온실

dirty

식물; 심다

order

외로운

grace

더러운

greenhouse

1. 명령; 명령하다
2. 주문하다

plant

우아함

pleasure 기쁨, 즐거움
[pléʒə(r)]

플레져(r) → 풀 레져(leisure : 여가) : 풀밭에서 레저를 즐기는 즐거움(pleasure)
* pleasant 즐거운

---

tour 여행; 여행하다
[tuər]

1. 투어(r) → 투어 : 하나투어, 롯데투어, 월드투어 등 일상생활에서 여행(tour)의 의미로 많이 쓰이는 단어
2. 투어(r) → 투우 : 투우를 보기 위해 스페인으로 여행(tour)가다

---

coin 동전
[kɔin]

코인 → 코 in(안에) : 코 안에 동전(coin) 넣는 묘기를 하다

sheep 양
[ʃiːp]

쉬~ㅍ → 쉿! : 늑대들이 양(sheep)을 잡아먹으려고 서로에게 "쉿!" 조용히 하라며 양에게 다가가다

pain 아픔, 고통
[pein]

페인 → 패인 : 살점이 패인 곳의 아픔(pain)
* painful 아픈, 고통스러운

drug 약, 마약
[drʌg]

드(r)러그 → 들어 그 : 그 약(drug)이 그 병에 잘 들어

다음 만화, 단어, 뜻을 관련 있는 것끼리 선으로 이어보세요.

 • drug • 여행; 여행하다

 • pain • 양

 • tour • 기쁨, 즐거움

 • sheep • 동전

 • pleasure • 약, 마약

 • coin • 아픔, 고통

A 한글 뜻을 보고 옆의 영어 단어 철자를 완성하세요.

1	온실	greenh___ ___se
2	아픔, 고통	p___ ___n
3	약, 마약	dru___
4	동전	c___ ___n
5	더러운	d___rty
6	양	sh___ ___p
7	외로운	lo___ ___ly
8	식물; 심다	pl___nt
9	기쁨, 즐거움	pl___ ___sure
10	여행; 여행하다	t___ ___r
11	1. 명령; 명령하다 2. 주문하다	___ ___der
12	우아함	gra___e

B 다음 단어들의 뜻을 적어보세요.

1 dirty _____

2 order _____

3 pain _____

4 greenhouse _____

5 grace _____

6 pleasure _____

7 sheep _____

8 drug _____

9 plant _____

10 lonely _____

11 coin _____

12 tour _____

hop 뛰다, 깡충 뛰다
[hɑːp]

하~ㅍ → 합! : 도사가 합! 하고 공중으로 깡충 뛰다(hop)

합!
hop

깡충 뛰다

bring 가져오다, 데려오다
[briŋ]

브(r)링 → 부릉~ : 부릉~ 부릉~ 오토바이로 아이를 집에 데려오다
(bring)

아이를 데려오다

부릉
부릉
bring

theater 극장
[θíːətər]

(θ)씨~어터(r) → 씨(see : 보다) 어떠 : 어떠한 영화를 보는(see)
극장(theater)

see(보다) 어떠한 영화를
theater

극장

ghost 유령
[goust]

고우스트 → 고수 two(2) : 무술 고수가 분신술로 two(두) 개의
자신의 유령(ghost)을 만들어내다

meal 식사
[mi:l]

미~ㄹ → 밀 : 밀로 만든 죽과 같이 밀로 만든 식사(meal)

arrive 도착하다
[əráiv]

어(r)라이(v)브 → 오라이 부(웅) : "내가 있는 곳으로 오라이(와라)!"
하고 부르자 '부웅'하고 자동차를 타고 금방 도착하다(arrive)

다음 만화, 단어, 뜻을 관련 있는 것끼리 선으로 이어보세요.

 • theater • 도착하다

 • bring • 식사

 • meal • 가져오다, 데려오다

 • hop • 유령

 • ghost • 뛰다, 깡충 뛰다

 • arrive • 극장

cotton 솜, 목화
[kάːtn]

카~튼 → 커튼 : 찬바람을 막기 위해 솜(cotton)을 넣어 만든 커튼

---

drop 떨어지다, 떨어뜨리다
[drɑːp / drɔːp]

드(r)로~ㅍ → 드롭 : 놀이공원의 '자이로 드롭'에서 드롭은 '떨어지다(drop)'

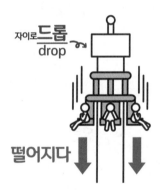

---

pick 골라잡다, 뜯다
[pik]

픽 → 픽! : 마당에 난 풀을 골라잡고(pick) 픽! 픽! 뜯다(pick)

horror 공포
[hɔ́:rə(r)]

> **호**~(r)**러**(r) → 홀로 : 깊은 밤 산속에 홀로 있을 때의 공포(horror)
> * horrible 무서운, 끔찍한

fury 격분
[fjúri]

> (f)**퓨**(r)**리** → 피우리 : 너무 격분(fury)하여 씩씩대며 담배를 피우리
> * furious 격분한

silence 침묵, 고요
[sáiləns]

> **싸일런스** → 싸이렌 스 : 적의 공습을 알리는 싸이렌 소리에 마을
> 전체가 침묵(silence)하여 고요함(silence)
> * silent 조용한

다음 만화, 단어, 뜻을 관련 있는 것끼리 선으로 이어보세요.

drop

골라잡다, 뜯다

horror

떨어지다,
떨어뜨리다

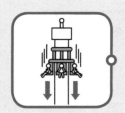

cotton

격분

pick

솜, 목화

silence

공포

fury

침묵, 고요

A 한글 뜻을 보고 옆의 영어 단어 철자를 완성하세요.

1	뛰다, 깡충 뛰다	h___p
2	유령	g___ost
3	도착하다	arr___ve
4	격분	f___ry
5	솜, 목화	co___on
6	극장	th___ ___ter
7	침묵, 고요	s___ ___ence
8	공포	ho___ ___or
9	가져오다, 데려오다	brin___
10	식사	m___ ___l
11	떨어지다, 떨어뜨리다	dr___p
12	골라잡다, 뜯다	pi___ ___

B 다음 단어들의 뜻을 적어보세요.

1	fury
2	arrive
3	pick
4	silence
5	horror
6	ghost
7	meal
8	bring
9	drop
10	cotton
11	theater
12	hop

다음 단어들의 뜻을 적어 보세요.

16강

1 beer _____

2 kid _____

3 goldfish _____

4 beach _____

5 earth _____

6 pass _____

7 reason _____

8 playground _____

9 follow _____

10 free _____

11 hang _____

12 leaf _____

17강

13 order _____

14 lonely _____

15 grace _____

16 dirty _____

17 plant _____

18 greenhouse _____

19 pleasure _____

20 tour _____

21 coin _____

22 sheep _____

23 pain _____

24 drug _____

18강

25 hop _____

26 bring _____

27 theater _____

28 ghost _____

29 meal _____

30 arrive _____

31 cotton _____

32 drop _____

33 pick _____

34 horror _____

35 fury _____

36 silence _____

1
beer 맥주

2
kid 아이

3
goldfish 금붕어

4
beach 해변

5
earth 지구, 땅

6
pass
1. 건네주다 2. 통과하다

7
reason 이유

8
playground
운동장, 놀이터

9
follow 따라가다

10
free 자유로운

11
hang 매달다, 매달리다

12
leaf 잎

13
order
1. 명령; 명령하다 2. 주문하다

14
lonely 외로운

15
grace 우아함

16
dirty 더러운

17
plant 식물; 심다

18
greenhouse 온실

19
pleasure 기쁨, 즐거움

20
tour 여행; 여행하다

21
coin 동전

22
sheep 양

23
pain 아픔, 고통

24
drug 약, 마약

25
hop 뛰다, 깡충 뛰다

26
bring 가져오다, 데려오다

27
theater 극장

28
ghost 유령

29
meal 식사

30
arrive 도착하다

31
cotton 솜, 목화

32
drop 떨어지다, 떨어뜨리다

33
pick 골라잡다, 뜯다

34
horror 공포

35
fury 격분

36
silence 침묵, 고요

1강

1 chick _____
2 sparrow _____
3 shark _____
4 bull _____
5 snake _____
6 duck _____
7 lamb _____
8 turtle _____
9 spider _____
10 leopard _____
11 dolphin _____
12 eel _____

2강

1 hawk _____
2 bee _____
3 camel _____
4 cock _____
5 bat _____
6 snail _____
7 bug _____
8 gull _____
9 turkey _____
10 owl _____
11 mouse _____
12 deer _____

3강

1 fruit _____
2 soap _____
3 ocean _____
4 fog _____
5 foggy _____
6 grow _____
7 garlic _____
8 claw _____
9 quarrel _____
10 gun _____
11 pull _____
12 easy _____

4강

1 beggar _____
2 warn _____
3 heaven _____
4 address _____
5 ache _____
6 headache _____
7 bubble _____
8 wall _____
9 problem _____
10 dark _____
11 triangle _____
12 doll _____

5강

1 force _____
2 magical _____
3 choose _____
4 military _____
5 tooth _____
6 hurt _____
7 throw _____
8 soldier _____
9 kindergarten _____
10 noisy _____
11 courage _____
12 pond _____

6강

1 laugh _____
2 wallet _____
3 exercise _____
4 breathe _____
5 floor _____
6 hurry _____
7 spring _____
8 fall _____
9 winter _____
10 autumn _____
11 steal _____
12 farm _____

7~12강 다시 복습

7강

1 mad _____
2 aloud _____
3 between _____
4 leave _____
5 clothes _____
6 watermelon _____
7 wise _____
8 daughter _____
9 shy _____
10 branch _____
11 travel _____
12 rough _____

8강

1 danger _____
2 break _____
3 bridge _____
4 shout _____
5 China _____
6 begin _____
7 carry _____
8 promise _____
9 age _____
10 pear _____
11 country _____
12 exchange _____

9강

1 agree _____
2 carrot _____
3 bottle _____
4 along _____
5 full _____
6 math _____
7 fear _____
8 sudden _____
9 beat _____
10 hate _____
11 traffic _____
12 purse _____

10강

1 hug _____
2 imagine _____
3 enough _____
4 fill _____
5 guess _____
6 mix _____
7 hell _____
8 scissors _____
9 angry _____
10 stair _____
11 downstairs _____
12 upstairs _____

11강

1 vinegar _____
2 seed _____
3 delicious _____
4 apologize _____
5 remember _____
6 battle _____
7 valley _____
8 different _____
9 light _____
10 taste _____
11 prison _____
12 hobby _____

12강

1 harmony _____
2 cabbage _____
3 celebrate _____
4 build _____
5 decide _____
6 foreign _____
7 cook _____
8 garbage _____
9 trouble _____
10 homework _____
11 whole _____
12 sharp _____

13강

1 barber _____
2 circle _____
3 wet _____
4 supper _____
5 thin _____
6 thick _____
7 fortune _____
8 basketball _____
9 volleyball _____
10 foolish _____
11 voice _____
12 believe _____

14강

1 emotion _____
2 position _____
3 dozen _____
4 damage _____
5 strike _____
6 hungry _____
7 tray _____
8 sunlight _____
9 once _____
10 tired _____
11 shower _____
12 cave _____

15강

1 orchard _____
2 goal _____
3 dental _____
4 habit _____
5 other _____
6 another _____
7 charm _____
8 piece _____
9 future _____
10 grand _____
11 grandfather _____
12 grandmother _____

16강

1 beer _____
2 kid _____
3 goldfish _____
4 beach _____
5 earth _____
6 pass _____
7 reason _____
8 playground _____
9 follow _____
10 free _____
11 hang _____
12 leaf _____

17강

1 order _____
2 lonely _____
3 grace _____
4 dirty _____
5 plant _____
6 greenhouse _____
7 pleasure _____
8 tour _____
9 coin _____
10 sheep _____
11 pain _____
12 drug _____

18강

1 hop _____
2 bring _____
3 theater _____
4 ghost _____
5 meal _____
6 arrive _____
7 cotton _____
8 drop _____
9 pick _____
10 horror _____
11 fury _____
12 silence _____

cage 우리, 새장
[keidʒ]

케이쥐 → 케이(K) 쥐 : 케이(K)라는 이름의 쥐가 갇혀있는 우리 (cage)

then 그때, 그 다음에
[ðen]

(ð)덴 → 땡! : 밤 열두시가 땡! 땡! 하고 치던 그때(then), 그 다음에 (then)

goat 염소
[gout]

고우트 → go(가다)! 투(to : ~로)! : "~로 가자! 이놈아!"하며 말을 듣지 않는 염소(goat)를 억지로 끌고 가다

fix 1. 고정시키다 2.수리하다
[fiks]

(f)픽스 → 픽 쓰 : 탑이 픽 쓰러지려고 하자 버팀목으로 고정시켜서
(fix) 수리하다(fix)

고정시키다
수리하다

픽!

픽-쓰러진 탑
fix

goose 거위 (복수. geese)
[gu:s]

구~스 → 구웠으(구웠어) : 추수감사절에 칠면조(turkey)와 거위
(goose)를 오븐에 구웠어

거위를 구스(구웠스)
goose

bean 콩
[bi:n]

비~ㄴ → 빈 : 콩깍지에 콩(bean)이 빈(비어있는)

콩깍지에 콩이 빈
bean

6단어 복습하기

다음 만화, 단어, 뜻을 관련 있는 것끼리 선으로 이어보세요.

 • goat • 콩

 • cage • 1. 고정시키다
2. 수리하다

 • fix • 우리, 새장

 • then • 거위

 • goose • 그때, 그 다음에

 • bean • 염소

die 죽다, 사망하다
[dai]

다이 → 닿이(다) : 고압 전선에 손이 닿이어 죽다(die)

athlete 운동선수
[ǽθliːt]

애(θ)쓸리~트 → 애쓸리(애쓰다) : 올림픽에서 금메달을 따기 위해
운동선수(athlete)들이 열심히 애쓸리

sweat 땀; 땀을 흘리다
[swet]

스웨트 → (포카리) 스웨트 : 땀(sweat)을 흘린 뒤 마시는 포카리
스웨트

still 아직, 여전히
[stil]

스틸 → 스칠 : 헤어졌던 연인이 아직도(still) 여전히(still) 기억에 스칠

헤어졌던 연인이
아직, 여전히
기억에 **스칠**
still

hard 열심히
[haːrd]

하~(r)드 → 하두(하도) : 하두(하도) 열심히(hard) 공부해서, 하두(하도) 열심히(hard) 게임해서…

하두(하도)
hard
열심히 게임해서

miss 1. (기회, 버스, 목표한 것 등을) 놓치다 2. 그리워하다
[mis]

미스 → 미쓰 : 놓쳐버린(miss) 미쓰(Miss) 김을 그리워하다(miss)

놓쳐버린 **미쓰**김을
miss
그리워하다

미쓰김

다음 만화, 단어, 뜻을 관련 있는 것끼리 선으로 이어보세요.

hard

땀; 땀을 흘리다

miss

죽다, 사망하다

sweat

아직, 여전히

die

운동선수

still

열심히

athlete

1. 놓치다
2. 그리워하다

A 한글 뜻을 보고 옆의 영어 단어 철자를 완성하세요.

1	1. 고정시키다 2. 수리하다	fi___
2	우리, 새장	___age
3	열심히	___ard
4	콩	___ean
5	염소	g___ ___t
6	죽다, 사망하다	d___ ___
7	아직, 여전히	sti___ ___
8	1. 놓치다 2. 그리워하다	mi___ ___
9	거위	g___ ___se
10	그때, 그 다음에	th___n
11	땀; 땀을 흘리다	sw___ ___t
12	운동선수	athl___ ___e

B 다음 단어들의 뜻을 적어보세요.

1	bean	
2	hard	
3	miss	
4	sweat	
5	fix	
6	still	
7	then	
8	goose	
9	die	
10	athlete	
11	cage	
12	goat	

itch 가려움; 가렵다
[itʃ]

간질 간질 **가렵다**

잇-취!
itch

이취 → 잇 취! : 코가 간질간질 가려워(itch) "잇 취!"하며 재채기를 하다

---

symbol 상징
[símbl]

나이키 **신발**의 상징
symbol

심블 → 신발 : 신발에 그려진 나이키 로고는 나이키 신발의 상징 (symbol)

---

able ~할 수 있는
[éibl]

옷을 혼자 **애**가 **입을 수 있는**
able

에이블 → 애 입을 : 옷을 혼자 애가 입을 수 있는(able)

forgive 용서하다
[fərgív]

(f)퍼(r)기(v)브 → four(4) 기부 : four(4)개의 금덩어리를 기부한 백성을 사또가 용서하다(forgive)

several 몇 사람의, 몇몇의
[sévrəl]

세(v)브(r)럴 → 세버려!(세다) : 몇몇의(several) 사람이 있는지 세버려!

cost 가격; ~의 비용이 들다
[kɔːst]

코~스트 → 코스 two(2) : 음식점 메뉴판에 적혀있는 코스 two(2)의 가격(cost)

다음 만화, 단어, 뜻을 관련 있는 것끼리 선으로 이어보세요.

cost

몇 사람의, 몇몇의

forgive

가격; ~의 비용이 들다

itch

~할 수 있는

several

가려움; 가렵다

symbol

용서하다

able

상징

often 자주
[ɔ́ːfn]

5분에 한 번씩 **자주**
often

오~(f)픈 → 5분 : 5분에 한 번씩 자주(often)

engineer
기술자, 엔지니어
[èndʒiníər]

이게 **엔진이여**
engineer

←기술자

엔쥐니어(r) → 엔진이여 : "이게 엔진이여" 하며 기계를 설명하는
기술자(engineer)

mushroom 버섯
[mʌʃrum]

멋있는 방(room)
mushroom

버섯

머(ʃ)쉬(r)룸 → 머쉬(멋이) 있는 룸(room : 방) : 만화에서 스머프가
사는 버섯(mushroom)집에 있는 멋있는 방

bark 짖다
[bɑ:rk]

바~(r)크 → 박! : 개가 박! 박! 짖다(bark)

lawn 잔디, 잔디밭
[lɔ:n]

로~ㄴ → 논 : 모내기한 논에 있는 벼와 같이 초록 풀들이 돋아난 잔디밭(lawn)

provide 공급하다, 주다
[prəváid]

프(r)러(v)바이드 → 풀어봐도 : "선물을 지금 풀어 봐도 돼"하며 선물을 주다(provide)

다음 만화, 단어, 뜻을 관련 있는 것끼리 선으로 이어보세요.

 • provide • • 버섯

 • lawn • • 기술자, 엔지니어

 • engineer • • 잔디, 잔디밭

 • bark • • 자주

 • often • • 짖다

 • mushroom • • 공급하다, 주다

A 한글 뜻을 보고 옆의 영어 단어 철자를 완성하세요.

1	가격; ~의 비용이 들다	___ost
2	잔디, 잔디밭	l___ ___n
3	공급하다, 주다	prov___de
4	버섯	m___shroom
5	용서하다	___ ___rgive
6	짖다	b___rk
7	상징	s___mbol
8	몇 사람의, 몇몇의	___ ___veral
9	자주	o___ ___en
10	기술자, 엔지니어	engin___ ___r
11	가려움; 가렵다	___ ___ch
12	~할 수 있는	a___ ___e

B 다음 단어들의 뜻을 적어보세요.

1	itch	_____
2	forgive	_____
3	cost	_____
4	lawn	_____
5	often	_____
6	able	_____
7	provide	_____
8	bark	_____
9	symbol	_____
10	several	_____
11	engineer	_____
12	mushroom	_____

원어민발음 듣고따라하기

riddle 수수께끼
[rídl]

(r)리들 → 니들 : "니들 이거 알아? 내가 수수께끼(riddle) 낼 테니까 맞춰봐."

---

heal 치료하다, 고치다
[hi:l]

1. **히~ㄹ → 힐(구두의 뒷굽)** : 여자의 구두 힐(heel)이 부러져서 구둣방에서 고치다(heal)
2. **히~ㄹ → 힐링(healing : 치료, 치유)의 동사형**
* healing 치료, 치유

---

wealth 부, 재산
[welθ]

웰(θ)쓰 → well(잘) 쓰(다) : 재산(wealth)이 많아서 돈을 잘(well) 쓰다

---

stomach 위
[stʌ́mək]

스 떠먹은 것이 **위장**으로
stomach

스터먹 → 슥 떠먹(다) : 슥 떠먹은 것이 소화되는 위장(stomach)

_____   _____
- - - - - - - - -   - - - - - - - - -
_____   _____
- - - - - - - - -   - - - - - - - - -
_____   _____
- - - - - - - - -   - - - - - - - - -

subway 지하철, 지하도
[sʌ́bwei]

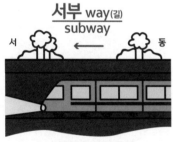

서부 way(길)
subway
서 ← 동

지하도, 지하철

1. 서브웨이 → 서부 way(길) : 서부로 가는 길(way)이 지하도, 지하철(subway)로 연결되어 있는
2. 서브웨이 → sub(under를 뜻하는 접두어) + way(길) : 아래로 나 있는 길인 지하도나 지하철(subway)

_____   _____
- - - - - - - - -   - - - - - - - - -
_____   _____
- - - - - - - - -   - - - - - - - - -
_____   _____
- - - - - - - - -   - - - - - - - - -

ill 병든
[il]

일 때문에 **병든**, 아픈
ill

일 → 일 : 힘들고 스트레스 받는 일 때문에 병든(ill)

_____   _____
- - - - - - - - -   - - - - - - - - -
_____   _____
- - - - - - - - -   - - - - - - - - -
_____   _____
- - - - - - - - -   - - - - - - - - -

다음 만화, 단어, 뜻을 관련 있는 것끼리 선으로 이어보세요.

 · · heal · · 병든

 · · stomach · · 지하철, 지하도

 · · riddle · · 치료하다, 고치다

 · · wealth · · 위

 · · ill · · 수수께끼

 · · subway · · 부, 재산

bath 목욕
[bæθ]

배(θ)쓰 → 배 쓰(쓸다) : 때를 미는 타올로 배를 쓸면서 하는 목욕 (bath)

bathroom 화장실, 욕실
[bǽθruːm]

배(θ)쓰(r)루~ㅁ → bath(목욕) + room(방) : 목욕(bath)하는 방 (room), 즉 화장실, 욕실

tail 꼬리
[teil]

테일 → 떼일(떼어지다) : 도마뱀 꼬리(tail)가 밟혀 떼일(떼어질)

chop 자르다, 팍팍 찍다
[tʃɑːp]

촤~ㅍ → 찹! : 도끼로 나무를 찹! 찹! 찍어 자르다(chop)

degree 정도, 등급
[digríː]

디그(r)리~ → D 그리 : 그림을 D학점(등급) 정도(degree)로 그린

company 회사
[kʌ́mpəni]

컴퍼니 → 껌 파니? : 이 회사(company)는 껌을 만들어 파니?

다음 만화, 단어, 뜻을 관련 있는 것끼리 선으로 이어보세요.

tail

화장실, 욕실

bathroom

자르다, 팍팍 찍다

degree

목욕

bath

꼬리

chop

회사

company

정도, 등급

A 한글 뜻을 보고 옆의 영어 단어 철자를 완성하세요.

1   부, 재산   w＿＿＿＿lth

2   회사   compa＿＿ ＿＿

3   자르다, 팍팍 찍다   ＿＿ ＿＿op

4   치료하다, 고치다   h＿＿ ＿＿l

5   지하철, 지하도   ＿＿ ＿＿bway

6   화장실, 욕실   ba＿ ＿＿room

7   꼬리   t＿＿ ＿＿l

8   수수께끼   ri＿＿ ＿＿le

9   정도, 등급   degr＿＿ ＿＿

10   병든   ＿＿ll

11   위   stoma＿＿ ＿＿

12   목욕   ba＿＿ ＿＿

B 다음 단어들의 뜻을 적어보세요.

1   company   _____

2   tail   _____

3   stomach   _____

4   chop   _____

5   heal   _____

6   subway   _____

7   bath   _____

8   bathroom   _____

9   riddle   _____

10   wealth   _____

11   ill   _____

12   degree   _____

다음 단어들의 뜻을 적어 보세요.

19강

1	cage	_____	7	die	_____
2	then	_____	8	athlete	_____
3	goat	_____	9	sweat	_____
4	fix	_____	10	still	_____
5	goose	_____	11	hard	_____
6	bean	_____	12	miss	_____

20강

13	itch	_____	19	often	_____
14	symbol	_____	20	engineer	_____
15	able	_____	21	mushroom	_____
16	forgive	_____	22	bark	_____
17	several	_____	23	lawn	_____
18	cost	_____	24	provide	_____

21강

25	riddle	_____	31	bath	_____
26	heal	_____	32	bathroom	_____
27	wealth	_____	33	tail	_____
28	stomach	_____	34	chop	_____
29	subway	_____	35	degree	_____
30	ill	_____	36	company	_____

19~21강 전체 복습 정답

 cage 우리, 새장	 then 그때, 그 다음에	 goat 염소
 fix 1. 고정시키다 2.수리하다	 goose 거위	 bean 콩
 die 죽다, 사망하다	 athlete 운동선수	 sweat 땀; 땀을 흘리다
 still 아직, 여전히	 hard 열심히	 miss 1. 놓치다 2. 그리워하다
 itch 가려움; 가렵다	 symbol 상징	 able ~할 수 있는
 forgive 용서하다	 several 몇 사람의, 몇몇의	 cost 가격; ~의 비용이 들다
 often 자주	 engineer 기술자, 엔지니어	 mushroom 버섯
 bark 짖다	 lawn 잔디, 잔디밭	 provide 공급하다, 주다
 riddle 수수께끼	 heal 치료하다, 고치다	 wealth 부, 재산
 stomach 위	 subway 지하철, 지하도	 ill 병든
 bath 목욕	 bathroom 화장실, 욕실	 tail 꼬리
 chop 자르다, 팍팍 찍다	 degree 정도, 등급	 company 회사

flow 흐르다
[flou]

물이 **흘러~우**
flow

흐르다

> (f)플로우 → 흘러~ : 물이 흘러(flow)

float 뜨다, 띄우다
[flout]

흘러 가는 물 위에
뜨다
float

> (f)플로우트 → 플로우(flow) 트(뜨) : 흐르는(flow) 물 위에 뜨다 (float)

weather 날씨, 기후
[wéðə(r)]

날씨가 **왜** 이렇게
더워?
weather

> 웨(ㅎ)더(r) → 왜 더워 : 날씨(weather)가 왜 이렇게 더워?

popular 인기 있는
[pɑ́:pjulə(r)]

인기 있는
팝송을 불러
popular

Let it be~ Let it be~

파~퓰러(r) → 팝 불러 : 너도나도 인기 있는(popular) 팝(팝송)을 불러

because ~ 때문에
[bikɔ́:z]

비 때문에 커져(커즈)
because

비코~(z)즈 → 비 커즈(커져) : 식물은 비 때문에(because) 커져

create
창조하다, 만들어내다
[kriéit]

끓이다. eight(8)개의 식재료를
create

새로운 요리를 창조하다

크(r)리에이트 → 끓이(끓이다) eight(8) : 요리사가 eight(8)개의 식재료를 끓이다가 새로운 요리를 창조하다(create)

다음 만화, 단어, 뜻을 관련 있는 것끼리 선으로 이어보세요.

 · weather · · 창조하다, 만들어내다

 · flow · · 인기 있는

 · popular · · 흐르다

 · float · · ~ 때문에

 · because · · 뜨다, 띄우다

 · create · · 날씨, 기후

wound 상처; 상처를 입히다
[wuːnd]

우~ㄴ드 → 운다 : 아이가 상처(wound)를 입고 운다

상처를 입고 **운다**
wound

(swimming) pool
수영장
[puːl]

푸~ㄹ → 푸~울 : '푸~울, 푸~울' 호흡을 하며 수영하는 수영장(pool)

수영장

푸~울
pool

frog 개구리
[frɔːg]

(f)프(r)로~그 → 풀어 구(9) : 똘똘 말린 혀를 풀어 9미터나 떨어진 먹이를 잡는 개구리(frog)

혀를 **풀어 9**미터나
frog
떨어진 먹이를 잡는

9m

←개구리

audience 청중
[ɔ́:diəns]

오~디언스 → 어디 앉수? : 공연장에서 청중(audience)들이
자리를 찾으며 "어디 앉수?"하고 물어보다

weapon 무기
[wépən]

웨펀 → 왜 펑! : 임진왜란 때 왜놈들이 펑! 펑! 쐈던 대포와 같은
무기(weapon)

early 일찍; 이른
[ɔ́:rli]

어~(r)리 → 얼리(얼다) : 겨울에 너무 일찍(early) 등교하니 난로도
안 피워 몸이 얼리

다음 만화, 단어, 뜻을 관련 있는 것끼리 선으로 이어보세요.

early · · 무기

audience · · 일찍; 이른

wound · · 수영장

weapon · · 상처; 상처를 입히다

(swimming) pool · · 청중

frog · · 개구리

A 한글 뜻을 보고 옆의 영어 단어 철자를 완성하세요.

1	개구리	fr___ ___
2	인기 있는	popul___ ___
3	청중	___ ___dience
4	뜨다, 띄우다	fl___ ___t
5	~때문에	bec___ ___se
6	상처; 상처를 입히다	w___ ___nd
7	수영장	(swimming) p___ ___l
8	흐르다	___ ___ow
9	날씨, 기후	w___ ___ther
10	창조하다, 만들어내다	crea___ ___
11	무기	w___ ___pon
12	일찍; 이른	ea___ ___y

B 다음 단어들의 뜻을 적어보세요.

1	weather	_____
2	create	_____
3	audience	_____
4	flow	_____
5	because	_____
6	wound	_____
7	frog	_____
8	early	_____
9	popular	_____
10	float	_____
11	weapon	_____
12	(swimming) pool	_____

sore 아픈, 쓰린
[sɔː(r)]

쏘~(r) → 쏘아 : 벌이 침을 쏘아 아픈(sore)

아픈

벌이 **쏘아**
sore

lazy 게으른
[léizi]

레이(z)지 → 내 2(이)지 : 1등을 하려고 노력하지 않는 게으른 (lazy) 내가 **2지**(2등이지)

1등보다
게으른

부지런한
1등

내가
2등이**지**
lazy

candle 초
[kǽndl]

캔들 → 캔 둘 : 음료수 캔 둘(2) 위에 얹혀있는 초(candle)

초

음료수 **캔 둘**(2)
candle

glory 영광

[glɔ́:ri]

영광스런 **글**을 걸어 **놓으리**
glory

글로~(r)리 → 글 노리(놓으리) : 대통령이 붓으로 쓴 영광(glory)
스런 글을 벽에 걸어 놓으리
* glorious 영광스러운

set 놓다

[set]

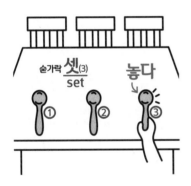

숟가락 **셋**(3) **놓다**
set
① ② ③

셋 → 셋(3) : 식탁 위에 세(3) 개의 숟가락을 놓다(set)

bored 지루한

[bɔ:rd]

지루한데.. **보드**게임 할까?
bored

보드게임?

보~(r)드 → 보드 : 지루한데(bored) 보드게임 할까?
* boring 지루하게 하는

다음 만화, 단어, 뜻을 관련 있는 것끼리 선으로 이어보세요.

set • • 초

bored • • 아픈, 쓰린

candle • • 영광

sore • • 게으른

glory • • 놓다

lazy • • 지루한

smell
냄새; 냄새가 나다, 냄새를 맡다
[smel]

스멜 → 스멀스멀 : 스멀스멀 냄새(smell)가 올라오다

send   보내다
[send]

센드 → 샌드(위치) : 샌드위치를 음식 배달원을 통해 고객에게 보내다(send)

weak   약한, 힘이 없는
[wi:k]

위~크 → 이크! : 가벼운 것을 들면서 "이크! 무거워라!"할 정도로 약하고 힘이 없는(weak)

cousin 사촌, 친척
[kʌ́zn]

커(z)즌 → 커진 : 오랜만에 본 친척(cousin)이 굉장히 키가 커진

키가 **커진 친척**
cousin

작년 설날　　　올해 설날

---

lip 입술
[lip]

1. 립 → 립 : 입(술) (lip)
2. 립스틱은 'lip(입술) + stick(막대)'으로 입술(lip)에 바르는
　 막대기(stick)

립(술)
lip

lip(입술)+stick(막대기)
lipstick 립스틱

---

stick 1. 붙이다 2. 막대기
[stik]

1. 스틱 → 스티커(sticker)는 붙이는(stick) 것
2. 립스틱은 'lip(입술) + stick(막대)'으로 입술(lip)에 바르는
　 막대기(stick)

스티커
stick(붙이다)+er(~것)

다음 만화, 단어, 뜻을 관련 있는 것끼리 선으로 이어보세요.

 • weak • 입술

 • smell • 1. 붙이다
2. 막대기

 • cousin • 약한, 힘이 없는

 • send • 냄새; 냄새가 나다, 냄새를 맡다

 • lip • 사촌, 친척

 • stick • 보내다

A 한글 뜻을 보고 옆의 영어 단어 철자를 완성하세요.

1	영광	_____ _____ ory
2	지루한	bor _____ _____
3	입술	li _____
4	아픈, 쓰린	s _____ re
5	초	can _____ _____ e
6	냄새; 냄새가 나다, 냄새를 맡다	sm _____ ll
7	사촌, 친척	cous _____ n
8	1. 붙이다 2. 막대기	_____ _____ ick
9	놓다	s _____ t
10	게으른	l _____ _____ y
11	약한, 힘이 없는	w _____ _____ k
12	보내다	s _____ nd

B 다음 단어들의 뜻을 적어보세요.

1	stick	_____
2	weak	_____
3	bored	_____
4	lip	_____
5	glory	_____
6	set	_____
7	lazy	_____
8	cousin	_____
9	smell	_____
10	send	_____
11	sore	_____
12	candle	_____

scare 겁주다
[skeə(r)]

> 스케어(r) → 수캐여 : "사나운 수캐여!"하며 사람을 겁주다(scare)
> * scary 무서운, 두려운

겁주다

_____   _____

- - - - - - - - - - - - - -   - - - - - - - - - - - - - -

_____   _____

_____   _____

- - - - - - - - - - - - - -   - - - - - - - - - - - - - -

_____   _____

windy 바람이 많이 부는
[wíndi]

> 1. 윈디 → 윙 뒤 : '윙'하고 내 뒤에서 바람이 많이 부는(windy)
> 2. wind(바람)의 형용사형

_____   _____

- - - - - - - - - - - - - -   - - - - - - - - - - - - - -

_____   _____

_____   _____

- - - - - - - - - - - - - -   - - - - - - - - - - - - - -

_____   _____

cough 기침
[kɔːf]

> 코~(f)프 → 코 풀다 : 감기에 걸려 코를 풀며 콜록콜록 기침(cough)
> 하다

_____   _____

- - - - - - - - - - - - - -   - - - - - - - - - - - - - -

_____   _____

_____   _____

- - - - - - - - - - - - - -   - - - - - - - - - - - - - -

_____   _____

even (심지어) ~조차도
[íːvn]

이~(v)븐 → 이 분 : (심지어) 연세가 지긋한 이 분 조차도(even) 마라톤에 참가하셨다

---

cheap 값이 싼
[tʃíːp]

취~ㅍ → 칩 : 포테이토 칩이 슈퍼에서 100원에 판매될 정도로 값이 싼(cheap)

---

convenience
편의, 편리
[kənvíːniəns]

컨(v)비~니언쓰 → 큰 비녀 쓰(쓰다) : 큰 비녀를 써서 머리에 꽂으니 머리가 흘러내리지 않고 편리함(convenience)
* convenient 편리한

다음 만화, 단어, 뜻을 관련 있는 것끼리 선으로 이어보세요.

convenience • 기침

even • 겁주다

scare • (심지어) ~조차도

cheap • 바람이 많이 부는

windy • 값이 싼

cough • 편의, 편리

dead 죽은

[ded]

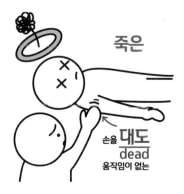

죽은

손을 대도
dead
움직임이 없는

데드 → 대도 : 손을 대도 움직임이 없는 것으로 봐서 그 사람은 죽은 (dead)

* death[deθ] (데(θ)쓰) 죽음

---

handkerchief 손수건

[hǽŋkərtʃif]

행! 코 치이~프
handkerchief

손수건

행커(r)취(f)프 → 행! 코 치이~프 : 행! 하고 코를 풀고, 치이~프하며 소리내어 코를 풀 때 쓰는 손수건(handkerchief)

---

fail 실패하다

[feil]

실패하다

패일
fail

(f)페일 → 패일 : 조각할 때 실수로 조각의 한 부분이 패일, 즉 조각에 실패하다(fail)

---

excite 흥분시키다
[iksáit]

익사이트 → 이크! (인터넷 게임) 싸이트 : 이크! 인터넷 게임 싸이트가 나를 흥분시키다(excite)
* excited 흥분한   * exciting 흥분시키는

clear
맑은, 깨끗한; 깨끗이 치우다
[kliər]

클리어(r) → 끌리어 : 맑고(clear) 깨끗한(clear) 얼굴의 이성에게 끌리어

clock (벽걸이) 시계
[klɑ:k]

클라~ㅋ → 클락! : 초침이 '클락! 클락' 소리내는 벽걸이 시계(clock)

다음 만화, 단어, 뜻을 관련 있는 것끼리 선으로 이어보세요.

 • clear • • (벽걸이) 시계

 • clock • • 흥분시키다

 • fail • • 죽은

 • dead • • 맑은, 깨끗한; 깨끗이 치우다

 • excite • • 손수건

 • handkerchief • • 실패하다

A 한글 뜻을 보고 옆의 영어 단어 철자를 완성하세요.

1	편의, 편리	conv___ ___ience
2	값이 싼	ch___ ___p
3	(벽걸이) 시계	clo___k
4	실패하다	f___ ___l
5	(심지어) ~조차도	___ven
6	기침	cou___ ___
7	바람이 많이 부는	win___ ___
8	손수건	handkerch___ ___f
9	죽은	d___ ___d
10	흥분시키다	ex___ ___te
11	겁주다	___ ___are
12	맑은, 깨끗한; 깨끗이 치우다	cl___ ___r

B 다음 단어들의 뜻을 적어보세요.

1	even	_____
2	scare	_____
3	clear	_____
4	convenience	_____
5	cough	_____
6	dead	_____
7	excite	_____
8	clock	_____
9	cheap	_____
10	windy	_____
11	fail	_____
12	handkerchief	_____

다음 단어들의 뜻을 적어 보세요.

22강

1 flow _____

2 float _____

3 weather _____

4 popular _____

5 because _____

6 create _____

7 wound _____

8 (swimming) pool _____

9 frog _____

10 audience _____

11 weapon _____

12 early _____

23강

13 sore _____

14 lazy _____

15 candle _____

16 glory _____

17 set _____

18 bored _____

19 smell _____

20 send _____

21 weak _____

22 cousin _____

23 lip _____

24 stick _____

24강

25 scare _____

26 windy _____

27 cough _____

28 even _____

29 cheap _____

30 convenience _____

31 dead _____

32 handkerchief _____

33 fail _____

34 excite _____

35 clear _____

36 clock _____

1

flow 흐르다

2

float 뜨다, 띄우다

3

weather 날씨, 기후

4

popular 인기 있는

5

because ~ 때문에

6

create 창조하다, 만들어내다

7

wound 상처; 상처를 입히다

8

(swimming) pool 수영장

9

frog 개구리

10

audience 청중

11

weapon 무기

12

early 일찍; 이른

13

sore 아픈, 쓰린

14

lazy 게으른

15

candle 초

16

glory 영광

17

set 놓다

18

bored 지루한

19

smell
냄새; 냄새가 나다, 냄새를 맡다

20

send 보내다

21

weak 약한, 힘이 없는

22

cousin 사촌, 친척

23

lip 입술

24

stick 1. 붙이다 2. 막대기

25

scare 겁주다

26

windy 바람이 많이 부는

27

cough 기침

28

even (심지어) ~조차도

29

cheap 값이 싼

30

convenience
편의, 편리

31

dead 죽은

32

handkerchief 손수건

33

fail 실패하다

34

excite 흥분시키다

35

clear
맑은, 깨끗한; 깨끗이 치우다

36

clock (벽걸이) 시계

hasty 서두르는
[héisti]

헤이스티 → 해 있을 (때) 튀(자) : 산에서 어두워지면 위험해서
서두르는(hasty) 걸음으로 해가 있을 때 튀어 내려오다

gym 체육관
[dʒim]

쥠 → 짐 : 수해를 입은 사람들이 짐을 싸서 체육관(gym)으로
피신하다

pillow 베개
[pílou]

필로우 → 피로 : 베고 누워서 피로를 푸는 베개(pillow)

village 마을
[vílidʒ]

(v)빌리쥐 → 빌리지 : 거지가 마을(village) 전체를 돌아다니며 쌀을 빌리지

trip (짧은) 여행
[trip]

트(r)립 → 출입 : 북한에서 출입을 허가한 금강산으로 여행(trip) 가다

fireman 소방관
[fáiərmən]

(f)파이어(r)먼 → fire(불) + man(사람) : 불을 끄는 사람, 소방관 (fireman)

다음 만화, 단어, 뜻을 관련 있는 것끼리 선으로 이어보세요.

 • fireman • 베개

 • trip • 체육관

 • gym • (짧은) 여행

 • village • 서두르는

 • hasty • 마을

 • pillow • 소방관

culture 문화
[kʌ́ltʃə(r)]

컬춰(r) → 칼(춤) 춰 : 우리의 전통 문화(culture)인 칼춤을 춰

우리의 전통
문화

칼춤을 **춰**
culture

trousers 바지
[tráuzərz]

트라우(z)저(r)(z)즈 → 틀라우! 젖으 : "수돗물을 틀라우(틀어라)!"
하고 명령하여 틀었더니 수돗물이 튀어 젖은 바지(trousers)

수돗물을 **틀라우**
바지가 **젖으**
trousers

pair 한 쌍
[peər]

페어(r) → 패여 : 한 쌍(pair)의 신발은 모양이 서로 같은 한 패여
* a pair of 한 쌍의, 한 벌의

한 **패여!**
pair

한 쌍의 신발

pumpkin 호박
[pʌ́mpkin]

펌프킨 → 펑! 퀸(queen : 여왕) : 요술쟁이의 주문에 호박 (pumpkin)이 펑! 하고 queen(여왕)이 타는 마차로 변신하다

prize 상, 상품
[praiz]

프(r)라이(z)즈 → 프라이 주(다) : 착한 일을 한 거지에게 상(prize) 으로 계란 프라이를 주다

enemy 적, 원수
[énəmi]

에너미 → 이놈이 : 원수(enemy) 같은 이놈이!

다음 만화, 단어, 뜻을 관련 있는 것끼리 선으로 이어보세요.

 • pair • 바지

 • trousers • 호박

 • prize • 문화

 • culture • 한 쌍

 • pumpkin • 적, 원수

 • enemy • 상, 상품

25강 복습하기

A 한글 뜻을 보고 옆의 영어 단어 철자를 완성하세요.

1	상, 상품	pri___e
2	적, 원수	e___ ___my
3	한 쌍	p___ ___r
4	소방관	fi___eman
5	호박	pu___ ___kin
6	체육관	g___ ___
7	바지	tr___ ___sers
8	마을	vill___ ___e
9	(짧은) 여행	tr___p
10	문화	___ ___lture
11	베개	p___llow
12	서두르는	___ ___sty

B 다음 단어들의 뜻을 적어보세요.

1	prize	
2	hasty	
3	village	
4	fireman	
5	pumpkin	
6	culture	
7	pillow	
8	enemy	
9	trip	
10	gym	
11	pair	
12	trousers	

202   경선식 영단어

museum 박물관
[mjuzíːəm]

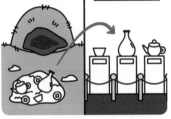

뮤(z)지~엄 → 묘지 엄(엄청나게) : 묘지에서 출토된 엄청나게 많은 유물들을 전시한 박물관(museum)

elbow 팔꿈치
[élbou]

엘보우 → 애를 보우(보다) : 애를 팔꿈치(elbow) 위에 안고 애를 보다

honor 영광
[ánər]

아너(r) → 안아(주다) : 유명인이 안아주는 영광(honor)

amazing
놀랄만한, 굉장한
[əméiziŋ]

어메이(z)징 → 오매~ 징그러! : 쥐가 차에 깔린 모습을 보고 "오매~ 징그러!"하며 놀라는(amazing)

---

giant 거인; 거대한
[dʒáiənt]

좌이언트 → 자연 트 : 산·들·하늘과 같은 자연은 거대한(giant)

---

vegetable 야채, 채소
[védʒtəbl]

(v)베쥐터블 → 베지(밀) 터블 : 베지밀은 콩과 같은 야채로 만든 식사 vegetable(야채) + meal(식사)

다음 만화, 단어, 뜻을 관련 있는 것끼리 선으로 이어보세요.

elbow

야채, 채소

amazing

거인; 거대한

museum

팔꿈치

honor

놀랄만한, 굉장한

vegetable

박물관

giant

영광

board 판자

[bɔːrd]

보~(r)드 → 보드 : 스키나 보드를 탄다고 할 때 보드는 나무판자 (board)

보드
board
판자

blackboard 칠판

[blǽkbɔːrd]

블랙보~(r)드 → black(검은) + board(판자) : 칠판(blackboard)

black(검은)+board(판자)
blackboard 칠판

own 자기 자신의; 소유하다

[oun]

오운 → 온 : '온 세상을 자기 자신의(own) 것으로 소유했으면 (own)'하고 바라는
* owner 임자, 소유자

온 세상이 자기 자신의
own 소유

206 경선식 영단어

loser
(경쟁에서) 패자, 패배자
[lúːzə(r)]

루~(z)저(r) → '루' 져(지다) : '루'라는 사람이 경기에 져서 패배자 (loser)가 되다

---

discuss   토론하다
[diskʌ́s]

디스커스 → 디스(this) 코스 : 산을 오르는 여러 코스 중에 'this(이) 코스가 좋다' '저 코스가 좋다'하고 서로 토론하다(discuss)

---

finish   마치다, 끝나다
[fíniʃ]

(f)피니(ʃ)쉬 → (꽃이) 피니 쉬~잉 : 꽃이 피니 쉬~잉 부는 바람에 날려 꽃의 생명이 끝나다(finish)

다음 만화, 단어, 뜻을 관련 있는 것끼리 선으로 이어보세요.

 · finish · · 칠판

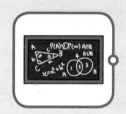 · discuss · · (경쟁에서) 패자, 패배자

 · blackboard · · 판자

 · loser · · 자기 자신의; 소유하다

 · board · · 마치다, 끝나다

 · own · · 토론하다

A 한글 뜻을 보고 옆의 영어 단어 철자를 완성하세요.

1	놀랄만한, 굉장한	ama___ing
2	박물관	mus_____m
3	토론하다	discu_____
4	야채, 채소	ve_____table
5	영광	___onor
6	판자	b_____rd
7	(경쟁에서) 패자, 패배자	l___ser
8	마치다, 끝나다	___inish
9	거인; 거대한	g___ant
10	팔꿈치	_____bow
11	자기 자신의; 소유하다	_____n
12	칠판	blackb_____rd

B 다음 단어들의 뜻을 적어보세요.

1	vegetable	
2	discuss	
3	finish	
4	own	
5	amazing	
6	loser	
7	elbow	
8	giant	
9	board	
10	blackboard	
11	museum	
12	honor	

muscle 근육
[mʌ́sl]

멋을
muscle
내기 위하여!

근육을 키우다

머슬 → 멋을 : 올 여름 해변에서 멋을 부리기 위해 열심히 키운 근육 (muscle)

moment 순간
[móumənt]

순간을 모면
moment

모우먼트 → 모면(하는) 투 : 위험한 순간(moment)을 모면하는 투

honesty 정직
[á:nisti]

아니오..

아닌 티 (아니스티)
honesty 나는

정직함

숙제 했어?

아~니스티 → 아닌 티 : 아닌 것은 아닌 티가 표정에 나타날 정도로 정직함(honesty)
* honest 정직한

South 남쪽
[sauθ]

싸우(θ)쓰 → 싸웠어 : 남쪽(South)에 있는 백제와 신라가 싸웠어

southern 남쪽의
[sʌðərn]

써(ð)더(r)언 → 써 돈 : 가난한 북한보다 남쪽의(southern) 남한 사람들이 돈을 더 잘 써

North 북쪽
[nɔːrθ]

노~(r)(θ)쓰 → 놀 수 (없다) : 북쪽(North)에 사는 북한 사람들은 강제노동 때문에 놀 수가 없다

다음 만화, 단어, 뜻을 관련 있는 것끼리 선으로 이어보세요.

honesty •   • 북쪽

moment •   • 남쪽의

southern •   • 순간

muscle •   • 남쪽

South •   • 근육

North •   • 정직

northern 북쪽의
[nɔ́ːrðərn]

노~(r)(ð)더(r)언 → 놀던 : 어릴 적 남한으로 피난오기 전 북쪽의 (northern) 북한에서 놀던 때가 그립다

북쪽의 북한에서
놀던 때가 그립다
northern

borrow 빌리다
[báːrou]

바~(r)로우 → 바로 : "바로 돌려줄게."하며 돈을 빌리다(borrow)

바로 돌려줄게~
borrow

빌리다

departure 출발
[dipáːrtʃə(r)]

디파~(r)춰(r) → 뒤 빠쳐(빠트려) : 악당들이 보트 뒤에 사람을 빠쳐버리고 출발(departure)

뒤에 빠쳐 버리고 출발
departure

history 역사
[hístri]

히스트(r)리 → 히(he) story(이야기) : 조선시대의 He(그 사람)에
관한 story(이야기)를 쓴 역사(history)

mill 방앗간
[mil]

밀 → 밀 : 밀을 빻아 밀가루를 만드는 방앗간(mill)

windmill 풍차
[wíndmil]

윈드밀 → wind(바람) + mill(방앗간) : 바람을 이용하여 방아를
찧는 풍차(windmill)

다음 만화, 단어, 뜻을 관련 있는 것끼리 선으로 이어보세요.

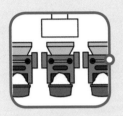

- borrow •   • 출발

- history •   • 빌리다

- northern •   • 방앗간

- departure •   • 북쪽의

- windmill •   • 역사

- mill •   • 풍차

A 한글 뜻을 보고 옆의 영어 단어 철자를 완성하세요.

1	근육	mu___ ___le
2	남쪽	So___th
3	북쪽	N___rth
4	방앗간	m___ll
5	북쪽의	north___ ___n
6	정직	___ ___nesty
7	풍차	w___ndmill
8	역사	h___story
9	순간	m___ment
10	남쪽의	south___ ___n
11	빌리다	bo___ ___ow
12	출발	depart___ ___e

B 다음 단어들의 뜻을 적어보세요.

1	mill	_____
2	North	_____
3	departure	_____
4	windmill	_____
5	history	_____
6	South	_____
7	southern	_____
8	moment	_____
9	borrow	_____
10	northern	_____
11	honesty	_____
12	muscle	_____

다음 단어들의 뜻을 적어 보세요.

25강

1 hasty _____

2 gym _____

3 pillow _____

4 village _____

5 trip _____

6 fireman _____

7 culture _____

8 trousers _____

9 pair _____

10 pumpkin _____

11 prize _____

12 enemy _____

26강

13 museum _____

14 elbow _____

15 honor _____

16 amazing _____

17 giant _____

18 vegetable _____

19 board _____

20 blackboard _____

21 own _____

22 loser _____

23 discuss _____

24 finish _____

27강

25 muscle _____

26 moment _____

27 honesty _____

28 South _____

29 southern _____

30 North _____

31 northern _____

32 borrow _____

33 departure _____

34 history _____

35 mill _____

36 windmill _____

1 hasty 서두르는

2 gym 체육관

3 pillow 베개

4 village 마을

5 trip (짧은) 여행

6 fireman 소방관

7 culture 문화

8 trousers 바지

9 pair 한 쌍

10 pumpkin 호박

11 prize 상, 상품

12 enemy 적, 원수

13 museum 박물관

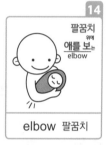

14 elbow 팔꿈치

15 honor 영광

16 amazing 놀랄만한, 굉장한

17 giant 거인; 거대한

18 vegetable 야채, 채소

19 board 판자

20 blackboard 칠판

21 own 자기 자신의; 소유하다

22 loser (경쟁에서) 패자, 패배자

23 discuss 토론하다

24 finish 마치다, 끝나다

25 muscle 근육

26 moment 순간

27 honesty 정직

28 South 남쪽

29 southern 남쪽의

30 North 북쪽

31 northern 북쪽의

32 borrow 빌리다

33 departure 출발

34 history 역사

35 mill 방앗간

36 windmill 풍차

both 양쪽의, 둘 다의
[bouθ]

> 보우(θ)쓰 → 보(를) 쓰(다) : '가위 바위 보'를 하는데 둘 다(both) 보를 쓰다

가위, 바위, 보!!

둘 다 보를 쓰다
both

senior 손위의; 연장자
[síːniə(r)]

> 시~니어(r) → 쉰이여 : "내 나이가 쉰(50)이여. 너보다는 연장자(senior)여"

내가 쉰이여(50)
senior
너보다 연장자여!

donkey 당나귀
[dɔ́ŋki / dɑ́ːŋki]

> 동키 → 동키 : 돈키호테가 타는 작은 당나귀(donkey)

돈키호테
donkey

당나귀

laundry 세탁, 세탁물
[lɔ́:ndri]

로~ㄴ드(r)리 → 넌더리 : 쌓여있는 세탁물(laundry)에 넌더리를 내는 주부

세탁물에 **넌더리**가 난 laundry

woodpecker 딱따구리
[wúdpekə(r)]

1. 우드페커(r) → wood(나무) + 펙! + er(~것) : wood(나무)를 펙! 펙! 쪼는 딱따구리(woodpecker)
2. 우드페커(r) → wood(나무) + peck(쪼다) + er(~것) : 나무를 쪼는 딱따구리(woodpecker)

wood(나무)
펙! + er(~것)
woodpecker

딱따구리

throat 목구멍
[θrout]

(θ)쓰(r)로우트 → 쓸어 투! : 목구멍(throat)에서 가래를 쓸어 올려 투! 하고 뱉다

쓸어 투!
throat

목구멍

6단어 복습하기

다음 만화, 단어, 뜻을 관련 있는 것끼리 선으로 이어보세요.

   donkey   목구멍

   both   세탁, 세탁물

   laundry   양쪽의, 둘 다의

   senior   딱따구리

   woodpecker   손위의; 연장자

   throat   당나귀

cancel 취소하다
[kǽnsl]

underground
지하의; 지하
[ʌ́ndəgraund]

언더그라운드 → under(아래에) + ground(땅) : 지하 (underground)

under(아래의)+ground(땅)
underground 지하

than
~에 비하여, ~와 비교하여
[ðæn]

(ㅇ)댄 → 댄(대다) : 친구 발에 비하여(than) 내 발이 더 큰지 비교하기 위해 발을 서로 나란히 댄

서로 나란히 **댄**
than

~에 비하여

mate   친구, 동료
[meit]

매일 투(two:둘)이 다니는 친구
mate

classmate   학급친구
[klǽsmeit]

class(학급,반)+mate(친구,동료)
classmate 학급친구

roommate
한 방 사람, 같이 방을 쓰는 친구
[rú:mmeit]

room(방)+mate(친구,동료)
roommate 한 방 사람

다음 만화, 단어, 뜻을 관련 있는 것끼리 선으로 이어보세요.

classmate • • 취소하다

roommate • • 한 방 사람, 같이 방을 쓰는 친구

than • • 학급친구

cancel • • 친구, 동료

mate • • 지하의; 지하

underground • • ~에 비하여, ~와 비교하여

A 한글 뜻을 보고 옆의 영어 단어 철자를 완성하세요.

1	목구멍	thr___ ___t
2	학급친구	cla___ ___mate
3	한 방 사람, 같이 방을 쓰는 친구	roo___ ___ate
4	~에 비하여, ~와 비교하여	th___n
5	세탁, 세탁물	la___ ___dry
6	친구, 동료	m___te
7	손위의; 연장자	sen___ ___r
8	딱따구리	woodp___ ___ker
9	취소하다	can___el
10	지하의; 지하	___ ___derground
11	양쪽의, 둘 다의	___ ___th
12	당나귀	d___nkey

B 다음 단어들의 뜻을 적어보세요.

1	laundry	_____
2	both	_____
3	classmate	_____
4	throat	_____
5	donkey	_____
6	cancel	_____
7	mate	_____
8	roommate	_____
9	woodpecker	_____
10	senior	_____
11	than	_____
12	underground	_____

twinkle 반짝반짝 빛나다
[twíŋkl]

트윙클 → 투(two) 윙클(윙크를) : 두(two) 눈을 윙크할 때마다 반짝반짝 빛나는(twinkle) 눈동자

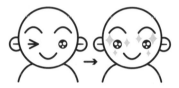

two(두) 눈이 **윙크를** 할때
twinkle
반짝반짝 빛나다

draw 끌어당기다
[drɔː]

드로~ → 들어 : 짐꾼들이 물건을 들어 끌어당기다(draw)

들어
draw
끌어당기다

teen 십대; 십대의
[tiːn]

티~ㄴ → ten(10) : 십대(teen)

십대

ten(10)
teen

iron 철
[áiərn]

아이어(r)언 → 아이언 : 영화 아이언맨은 철(iron)로 만든 옷을 입은 사람(man)

---

behind 뒤에
[biháind]

비하인드 → 비(빗자루) 하인드(하인도) : 항상 뒤에(behind) 비를 든 하인도 거느리고 다니다

---

until(= till)
~까지, ~할 때까지
[əntíl]

언틸 → 언 튈(튀다) : 언 물이 녹아 튈 때까지(until) 겨울잠을 자다

다음 만화, 단어, 뜻을 관련 있는 것끼리 선으로 이어보세요.

   until(= till)   뒤에

   iron   ~까지,
~할 때까지

   twinkle   십대; 십대의

   behind   반짝반짝 빛나다

   draw   철

   teen   끌어당기다

care 1. 조심 2. 돌보아 줌
3. 걱정; 걱정하다
[keə(r)]

아기가 **깨어** 울까봐
care
걱정하면서
조심조심
돌보다
zzZ

케어(r) → 깨어 : 아기가 깨어 울까봐 걱정하면서(care) 조심조심 (care) 옆에서 돌보다(care)
* careful 조심하는

each 각각의, 각자의; 각자
[iːtʃ]

야구 수비수들이 서있는
각자의 위치
each

3루수   1루수

이~취 → 위치 : 야구 수비수들이 서있는 각자의(each) 위치

dawn 새벽녘
[dɔːn]

동이 트는 새벽녘
dawn

도~ㄴ → 동 : 동이 트는 새벽녘(dawn)

climb 오르다, 기어오르다
[klaim]

클라임 → 클 라임 : 큰 라임 과일을 따려고 나무 위를 기어오르다 (climb)

큰라임을 따러
climb

기어오르다

sad 슬픈
[sæd]

새드 → 새도 : 님 떠난 숲길에서 새도 구슬프게 울며 슬퍼하는(sad)

새도
sad
슬퍼하는

catch 잡다
[kætʃ]

캐취 → cat(고양이) 쥐 : cat(고양이)가 쥐를 잡다(catch)

cat(고양이)가 쥐를 잡다
catch

다음 만화, 단어, 뜻을 관련 있는 것끼리 선으로 이어보세요.

 • each • 잡다

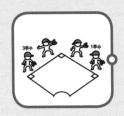 • climb • 슬픈

 • care • 각각의, 각자의; 각자

 • dawn • 오르다, 기어오르다

 • catch •
1. 조심
2. 돌보아 줌
3. 걱정; 걱정하다

 • sad • 새벽녘

A 한글 뜻을 보고 옆의 영어 단어 철자를 완성하세요.

1   반짝반짝 빛나다   t＿＿＿＿nkle
2   철   ＿＿＿＿on
3   ~까지, ~할 때까지   ＿＿ntil(= till)
4   슬픈   s＿＿d
5   1. 조심 2. 돌보아 줌 3. 걱정; 걱정하다 car＿＿＿
6   십대; 십대의   t＿＿＿＿n
7   잡다   c＿＿＿＿ch
8   오르다, 기어오르다   clim＿＿＿
9   끌어당기다   dr＿＿＿＿＿
10   뒤에   b＿＿hind
11   각각의, 각자의; 각자   ＿＿＿＿ch
12   새벽녘   d＿＿＿＿n

B 다음 단어들의 뜻을 적어보세요.

1   sad   _____
2   until(= till) _____
3   dawn   _____
4   catch   _____
5   climb   _____
6   iron   _____
7   behind   _____
8   draw   _____
9   each   _____
10   care   _____
11   teen   _____
12   twinkle   _____

merry 즐거운
[méri]

메(r)리 → 메리 크리스마스!(Merry Christmas!)란 즐거운 (merry) 크리스마스라는 뜻

메리(즐거운) 크리스마스
Merry Christmas!

sand 모래
[sænd]

샌드 → 샌드백(sandbag)은 모래(sand)를 담은 가방(bag)

샌드백
sand

모래

crab 게
[kræb]

크(r)랩 → 크랩 : 킹크랩(king crab)은 크기가 큰 왕게(crab)

킹크랩 : 왕게
king crab

filter   여과기; 거르다
[fíltə(r)]

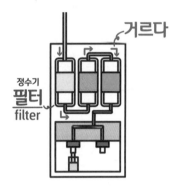

> **(f)필터(r)** → 정수기의 필터로 물을 거르다(filter)

---

heat   열; 가열하다
[hi:t]

> **히~트** → 히터(heater : 전열기)는 heat(열; 가열하다) + er(~것, ~사람)

---

shut   닫다
[ʃʌt]

> **(ʃ)셔트** → 셔터(shutter 겉문, 개폐기)는 상점 문을 완전히 닫는 (shut) 겉문

다음 만화, 단어, 뜻을 관련 있는 것끼리 선으로 이어보세요.

crab

모래

sand

여과기; 거르다

heat

즐거운

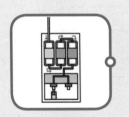

merry

게

filter

닫다

shut

열; 가열하다

castle 성

[kǽsl]

캐슬 → 캐슬 : 아파트 이름들 중 '롯데 캐슬'은 성(castle)과 같이
근사한 아파트란 의미로 지은 것

---

knock 치다, 두드리다; 노크

[nɔk / nɑːk]

노크(or 나~크) → 노크 : 문을 노크하는 것은 문을 두드리는 것
(knock)

---

self 자기, 자신

[self]

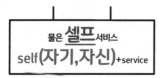

셀(f)프 → 셀프 : 식당의 '물은 셀프서비스(self service)'라는
표시는 'self(자기, 자신) + service(봉사, 시중)'로 물은 자기 자신
(self)이 가져다 마시란 뜻

---

flash
번쩍이다, 빛나다; 번쩍 빛남
[flæʃ]

후레쉬
flash

빛나다

weight　무게, 중량
[weit]

웨이트 → 웨이트 : 복싱에서 헤비웨이트(heavy weight) 챔피언이란 무거운(heavy) 몸무게(weight)급에서의 챔피언을 뜻하고, 웨이트 트레이닝(weight training)이란 자신의 무게(weight)나 아령이나 역기와 같은 물체의 무게(weight)를 이용하는 훈련(training)을 뜻한다

헤비 웨이트 챔피언
heavy(무거운)+weight(무게)

100kg

enter　들어가다
[éntə(r)]

엔터(r) → 엔터 : 컴퓨터의 엔터키를 눌러 그 사이트 안으로 들어가다(enter)

엔터키를 눌러
enter

Enter↵

사이트 안으로
들어가다

다음 만화, 단어, 뜻을 관련 있는 것끼리 선으로 이어보세요.

self

치다, 두드리다;
노크

knock

번쩍이다, 빛나다;
번쩍 빛남

weight

성

castle

자기, 자신

flash

들어가다

enter

무게, 중량

A 한글 뜻을 보고 옆의 영어 단어 철자를 완성하세요.

1	성	ca___ ___le
2	열; 가열하다	h___ ___t
3	무게, 중량	wei___ ___t
4	번쩍이다, 빛나다; 번쩍 빛남	fl___sh
5	모래	s___nd
6	치다, 두드리다; 노크	kn___ ___k
7	닫다	sh___t
8	즐거운	m___rry
9	여과기; 거르다	f___ ___ter
10	게	___rab
11	들어가다	___nter
12	자기, 자신	s___lf

B 다음 단어들의 뜻을 적어보세요.

1	filter	_____
2	merry	_____
3	weight	_____
4	shut	_____
5	crab	_____
6	castle	_____
7	flash	_____
8	enter	_____
9	heat	_____
10	sand	_____
11	self	_____
12	knock	_____

다음 단어들의 뜻을 적어 보세요.

28강

1 both _____
2 senior _____
3 donkey _____
4 laundry _____
5 woodpecker _____
6 throat _____

7 cancel _____
8 underground _____
9 than _____
10 mate _____
11 classmate _____
12 roommate _____

29강

13 twinkle _____
14 draw _____
15 teen _____
16 iron _____
17 behind _____
18 until(= till) _____

19 care _____
20 each _____
21 dawn _____
22 climb _____
23 sad _____
24 catch _____

30강

25 merry _____
26 sand _____
27 crab _____
28 filter _____
29 heat _____
30 shut _____

31 castle _____
32 knock _____
33 self _____
34 flash _____
35 weight _____
36 enter _____

both 양쪽의, 둘 다의

senior 손위의; 연장자

donkey 당나귀

laundry 세탁, 세탁물

woodpecker 딱따구리

throat 목구멍

cancel 취소하다

underground 지하의; 지하

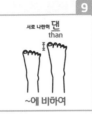

than ~에 비하여, ~와 비교하여

mate 친구, 동료

classmate 학급친구

roommate 한 방 사람, 같이 방을 쓰는 친구

twinkle 반짝반짝 빛나다

draw 끌어당기다

teen 십대; 십대의

iron 철

behind 뒤에

until(= till) ~까지, ~할 때까지

care 1. 조심 2. 돌보아 줌 3. 걱정; 걱정하다

each 각각의, 각자의; 각자

dawn 새벽녘

climb 오르다, 기어오르다

sad 슬픈

catch 잡다

merry 즐거운

sand 모래

crab 게

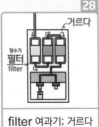

filter 여과기; 거르다

heat 열; 가열하다

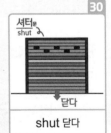

shut 닫다

castle 성

knock 치다, 두드리다; 노크

self 자기, 자신

flash 번쩍이다, 빛나다; 번쩍 빛남

weight 무게, 중량

enter 들어가다

hole 구멍
[houl]

호울 → 블랙홀(black hole)이란 모든 것을 빨아들이는 검은 (black) 구멍(hole)

블랙홀
black(검은)+hole(구멍)

cash 현금
[kæʃ]

캐(ʃ)쉬 → 캐쉬카드(Cash Card: 현금카드), 인터넷 게임에서의 캐쉬 충전, 러쉬앤캐쉬(Rush & Cash) 등에서 캐쉬란 현금(cash)

캐쉬카드 : 현금카드
cash

0000 1234 5678 XXXX
11/20

palace 궁전
[pǽləs]

팰러스 → 팰리스 : '타워팰리스' 아파트는 tower(탑, 고층건물) + palace(궁전)

타워팰리스
tower(탑)+palace(궁전)

wedding 결혼, 결혼식
[wédiŋ]

웨딩 : 결혼, 결혼식
wedding

웨딩 → 웨딩드레스(wedding dress), 웨딩홀(wedding hall : 결혼식장)에서 wedding은 '결혼'

march 행진
[mɑ:rtʃ]

웨딩 마치
wedding march

행진

마~(r)취 → 웨딩마치(wedding march)란 신랑신부가 결혼식 끝에 하는 행진(march)

cheer 응원, 격려
[tʃiə(r)]

치어리더
cheer(격려,응원)+leader(리더)

취어(r) → 치어 리더(cheer leader)는 cheer(응원, 갈채) + leader(리더, 지도자)

다음 만화, 단어, 뜻을 관련 있는 것끼리 선으로 이어보세요.

 · · palace · · 응원, 격려

 · · hole · · 결혼, 결혼식

 · · wedding · · 구멍

 · · cash · · 행진

 · · march · · 현금

 · · cheer · · 궁전

straight 똑바른, 쭉 뻗은
[streit]

1. 스트(r)레이트 → 권투에서 스트레이트 공격은 팔을 쭉 뻗는 (straight) 공격
2. 스트(r)레이트 → 스트레이트 파마는 머리를 곧게 펴는(straight) 파마

스트레이트공격
straight

쭉 뻗은

guide 안내자; 안내하다
[gaid]

가이드 → 관광가이드란 관광 안내자(guide)를 말한다

안내자

관광 가이드
guide

slide
미끄러지다; 미끄럼틀, 미끄러짐
[slaid]

1. 슬라이드 → 워터파크의 워터슬라이드(waterslide)는 물을 이용해 미끄러져(slide) 내려가는 놀이기구
2. 슬라이드 → 야구에서 슬라이딩(sliding)이란 주자가 미끄러지듯이(slide) 몸을 던져 1루나 2루에 도착하는 것

워터 슬라이드
slide
미끄러지다

receive 받다
[risíːv]

(r)리시~(v)브 → 배구에서 서브 리시브(serve receive)란 상대팀의 서브를 받는(receive) 것을 말한다

써브 **리시브**
receive
공을 **받다**

lock 자물쇠; 잠그다
[lɑːk]

1. 라~ㅋ → 라커(locker)란 자물쇠(lock)가 달린 옷장이나 사물함을 뜻한다
2. 라~ㅋ → 락앤락(lock & lock)은 음식이 새지 않게 잠그는(lock) 형태의 그릇

라커
lock+er

자물쇠

잠그다

lead 이끌다
[liːd]

리~드 → 리더(leader)란 'lead(이끌다) + er(~사람)'으로 이끄는 (lead) 사람
* leader 지도자, 리더

리더
lead(이끌다)+er(~사람)

다음 만화, 단어, 뜻을 관련 있는 것끼리 선으로 이어보세요.

lead

자물쇠; 잠그다

receive

이끌다

straight

안내자; 안내하다

lock

똑바른, 쭉 뻗은

guide

받다

slide

미끄러지다;
미끄럼틀, 미끄러짐

A 한글 뜻을 보고 옆의 영어 단어 철자를 완성하세요.

1	결혼, 결혼식	we___ ___ing
2	구멍	h___le
3	자물쇠; 잠그다	l___ ___k
4	응원, 격려	ch___ ___r
5	궁전	p___ ___ace
6	똑바른, 쭉 뻗은	str___ ___ght
7	받다	rec___ ___ve
8	이끌다	le___d
9	행진	m___rch
10	현금	c___sh
11	미끄러지다; 미끄럼틀, 미끄러짐	sl___de
12	안내자; 안내하다	g___ ___de

B 다음 단어들의 뜻을 적어보세요.

1	cheer	_____
2	lock	_____
3	lead	_____
4	slide	_____
5	wedding	_____
6	receive	_____
7	cash	_____
8	march	_____
9	straight	_____
10	guide	_____
11	hole	_____
12	palace	_____

fry 튀김; 튀기다
[frai]

계란 **후라이**
fry

튀김;튀기다

> (f)프(r)라이 → 후라이 : '계란 후라이, 후렌치 후라이'에서 후라이는 '튀김(fry)'

_____ _____
- - - - - - - - - - - - - - - - - - - - - - - -
_____ _____

- - - - - - - - - - - - - - - - - - - - - - - -
_____ _____

sail 항해하다
[seil]

파라**세일**링
sail

항해하다

> 세일 → 파라세일링, 요트세일링에서 세일링(sailing)이란 항해하는 (sail) 것을 말한다

_____ _____
- - - - - - - - - - - - - - - - - - - - - - - -
_____ _____

- - - - - - - - - - - - - - - - - - - - - - - -
_____ _____

bakery 빵집, 제과점
[béikəri]

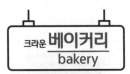

크라운 **베이커리**
bakery

빵집, 제과점

> 베이커(r)리 → 크라운 베이커리(bakery : 빵집, 제과점)를 이용해서 암기

_____ _____
- - - - - - - - - - - - - - - - - - - - - - - -
_____ _____

_____ _____

adventure 모험
[ədvéntʃə(r)]

어드(v)벤춰(r) → 어드벤처 : 롯데월드 어드벤처는 무서운
놀이기구를 통해 모험(adventure)을 즐기는 곳

wide 넓은
[waid]

와이드TV
wide

넓은

와이드 → 와이드 : 와이드TV란 모니터가 넓은(wide) TV를 말함

burn 타다, 불태우다
[bɜːrn]

버너
burn(불태우다,타다)+er(~것)

버~(r)언 → 버너(burner)는 burn(불태우다, 타다) + er(~것)

다음 만화, 단어, 뜻을 관련 있는 것끼리 선으로 이어보세요.

wide

빵집, 제과점

burn

튀김; 튀기다

bakery

모험

fry

항해하다

adventure

넓은

sail

타다, 불태우다

alarm
놀람, 경보; 놀라게 하다
[əlάːrm]

알람시계
alarm

경보

얼라~(r)암 → '알람 시계'란 아침에 일어나라고 경보(alarm)를
울리는 시계

_____ _____
- - - - - - - - - - - - - - - - - - - - - -
_____ _____

_____ _____
- - - - - - - - - - - - - - - - - - - - - -
_____ _____

wave 파도, 물결
[weiv]

물결모양
웨이브머리
wave

파도같은
웨이브댄스
wave

웨이(v)브 → 웨이브댄스는 파도(wave) 모양의 춤,
머리에 웨이브를 주었다는 것은 머리를 물결(wave) 모양으로 한 것

_____ _____
- - - - - - - - - - - - - - - - - - - - - -
_____ _____

_____ _____
- - - - - - - - - - - - - - - - - - - - - -
_____ _____

wheel
수레바퀴, (자동차의) 핸들
[wiːl]

휠체어
wheelchair

바퀴

위~ㄹ → 윌(휠) : 휠체어(wheel chair)란 바퀴(wheel) 달린 의자

_____ _____
- - - - - - - - - - - - - - - - - - - - - -
_____ _____

_____ _____
- - - - - - - - - - - - - - - - - - - - - -
_____ _____

assist 돕다
[əsíst]

어시스트 → 어시스트 : 축구에서 '어시스트'란 슛을 넣는 것을 돕는 (assist) 것을 말함

어시스트
assist

돕다

---

shake 흔들다, 흔들리다
[ʃeik]

(ʃ)쉐이크 → 쉐이크 : 밀크쉐이크(milk shake)는 우유 · 달걀 · 설탕 등을 섞은 후 흔들어(shake) 만든 음료

밀크쉐이크
milk shake

흔들다

---

quick 빠른
[kwik]

크윅 → 퀵 : 퀵서비스(quick service)란 빠른(quick) 배송 서비스
* quickly 빠르게, 급히

퀵서비스
quick

빠른

다음 만화, 단어, 뜻을 관련 있는 것끼리 선으로 이어보세요.

● wheel ● ● 흔들다, 흔들리다

● alarm ● ● 빠른

● assist ● ● 수레바퀴,
(자동차의) 핸들

● wave ● ● 놀람, 경보;
놀라게 하다

● shake ● ● 돕다

● quick ● ● 파도, 물결

A 한글 뜻을 보고 옆의 영어 단어 철자를 완성하세요.

1	타다, 불태우다	b___ ___n
2	흔들다, 흔들리다	sh___ke
3	빠른	q___ ___ck
4	수레바퀴, (자동차의) 핸들	wh___ ___l
5	모험	adv___nture
6	돕다	a___ ___ist
7	항해하다	s___il
8	넓은	w___de
9	놀람, 경보; 놀라게 하다	al___ ___m
10	파도, 물결	w___ve
11	튀김; 튀기다	f___ ___
12	빵집, 제과점	b___kery

B 다음 단어들의 뜻을 적어보세요.

1	adventure	_____
2	fry	_____
3	shake	_____
4	burn	_____
5	bakery	_____
6	alarm	_____
7	assist	_____
8	quick	_____
9	wide	_____
10	sail	_____
11	wheel	_____
12	wave	_____

cow 암소, 젖소
[kau]

카우 → 카우 : 카우보이(cowboy)는 cow(젖소)를 돌보는 boy (소년, 청년)

카우 보이(boy)
cow

젖소

glass 유리
[glæs]

글래스 → 글라스 : 선글라스(sunglasses)는 sun(태양)을 가려주는 glass(유리)로 만든 안경
* glasses 안경

썬(sun)글라스
glasses

유리

*glasses
안경

pocket 호주머니
[pɔ́kit / páːkit]

monster 괴물
[mɔ́nstər / máːnstər]

포킷 몬스터(r) → 포켓 몬스터(pocket monster)는 호주머니 (pocket) 속에 쏙 들어가는 작은 monster(괴물)

포켓 몬스터
pocket monster

괴물

호주머니

rice 쌀, 밥
[rais]

카레(curry) **라이스**
rice

쌀,밥

카레

> (r)라이스 → 라이스 : 카레라이스는 카레(curry) + rice(쌀, 밥)

god 신, 하느님
[gɑːd]

오 마이(oh my)
갇!
god

오 나의 **신**이시여!

> 가~드 → 가드 : '오 마이 갇!(Oh my God!)'은 '오 나의(my) 신(God)이시여!'라는 뜻

hill 언덕
[hil]

워커 **힐** 호텔
hill

언덕

> 힐 → 힐 : 미국에 있는 언덕에 위치한 마을인 베버리 힐즈(hills), 언덕(hill) 위에 지어진 워커힐(hill) 호텔

다음 만화, 단어, 뜻을 관련 있는 것끼리 선으로 이어보세요.

hill

호주머니

rice

쌀, 밥

monster

암소, 젖소

glass

신, 하느님

god

언덕

cow

괴물

pocket

유리

shuttle 왕복의; 왕복운행
[ʃʌtl]

(ʃ)셔틀 → 셔틀버스(shuttle bus)란 일정 구간을 왕복하는 (shuttle) 버스

셔틀버스
shuttle
공항 / 호텔
왕복의 노선

meat 고기
[mi:t]

미~트 → 미트 : 미트볼(meatball : 고기완자)은 meat(고기)를 갈아서 ball(공)처럼 둥글게 만든 것

미트볼
meat(고기)+ball(공)

lesson 수업
[lésn]

레슨 → 레슨 : 피아노 레슨 받는다고 할 때 레슨은 수업(lesson)

피아노 레슨
lesson
수업

cart 손수레
[kɑːrt]

1. 카~(r)트 → 큰 슈퍼마켓에 가면 있는 카트(cart)
2. car(자동차) + t : 자동차처럼 바퀴가 달려 짐을 운반하는 손수레 (cart) 연상

safe 안전한
[seif]

세이(f)프 → 세이프! : 야구에서 심판이 "세이프(safe)!"하고 외치는 것은 타자가 1루에 안전한(safe) 도착을 했다는 뜻

ready 준비가 된
[rédi]

action 1. 행동 2. 연기
[ǽkʃən]

(r)레디 액(ʃ)션 → 레디! 액션! : 영화감독이 외치는 "레디! 액션!"은 ready!(준비!) + action!(연기!)라는 뜻
* act 행동하다, 연기하다   * actor 배우   * actress 여배우

다음 만화, 단어, 뜻을 관련 있는 것끼리 선으로 이어보세요.

- ready • • 수업
- meat • • 안전한
- safe • • 손수레
- action • • 1. 행동 2. 연기
- cart • • 준비가 된
- lesson • • 고기
- shuttle • • 왕복의; 왕복운행

A 한글 뜻을 보고 옆의 영어 단어 철자를 완성하세요.

1	신, 하느님	__od
2	손수레	__art
3	안전한	sa___ ___
4	고기	m___ ___t
5	괴물	m___nster
6	수업	le___ ___on
7	유리	gl___ss
8	쌀, 밥	__ice
9	언덕	hil___
10	왕복의; 왕복운행	sh___ttle
11	암소, 젖소	c___w
12	호주머니	po___ket
13	준비가 된	r___ ___dy
14	1. 행동 2. 연기	a___tion

B 다음 단어들의 뜻을 적어보세요.

1	god	_____
2	rice	_____
3	hill	_____
4	shuttle	_____
5	meat	_____
6	monster	_____
7	cart	_____
8	glass	_____
9	ready	_____
10	safe	_____
11	pocket	_____
12	action	_____
13	cow	_____
14	lesson	_____

다음 단어들의 뜻을 적어 보세요.

31강

1	hole	_____	7	straight	_____
2	cash	_____	8	guide	_____
3	palace	_____	9	slide	_____
4	wedding	_____	10	receive	_____
5	march	_____	11	lock	_____
6	cheer	_____	12	lead	_____

32강

13	fry	_____	19	alarm	_____
14	sail	_____	20	wave	_____
15	bakery	_____	21	wheel	_____
16	adventure	_____	22	assist	_____
17	wide	_____	23	shake	_____
18	burn	_____	24	quick	_____

33강

25	cow	_____	32	shuttle	_____
26	glass	_____	33	meat	_____
27	pocket	_____	34	lesson	_____
28	monster	_____	35	cart	_____
29	rice	_____	36	safe	_____
30	god	_____	37	ready	_____
31	hill	_____	38	action	_____

31~33강 전체 복습 정답

1

블랙홀
black(검은)+hole (구멍)

hole 구멍

2

캐쉬카드 : 현금카드
cash

cash 현금

3

타워팰리스
tower(탑)+palace (궁전)

palace 궁전

4

웨딩: 결혼, 결혼식
wedding

wedding 결혼, 결혼식

5

웨딩 마치
wedding march

행진

march 행진

6

치어리더
cheer (격려,응원)+leader (리더)

cheer 응원, 격려

7

스트레이트공격
straight

쭉 뻗은

straight 똑바른, 쭉 뻗은

8

안내자

관광 가이드
guide

guide 안내자; 안내하다

9

워터 슬라이드
slide
미끄러지다

slide
미끄러지다; 미끄럼틀, 미끄러짐

10

써브 리시브
receive

공을 받다

receive 받다

11

라커
lock+er

자물쇠 잠그다

lock 자물쇠; 잠그다

12

리더
lead (이끌다)+er (~사람)

lead 이끌다

13

계란 후라이
fry

튀김;튀기다

fry 튀김; 튀기다

14

파라세일링
sail

항해하다

sail 항해하다

15

크라운 베이커리
bakery

빵집,
제과점

bakery 빵집, 제과점

16

롯데월드 어드벤처
adventure

모험

adventure 모험

17

와이드TV
wide

넓은

wide 넓은

18

버너
burn (불태우다,타다)+er (~것)

burn 타다, 불태우다

19

알람시계
alarm

경보

alarm
놀람, 경보; 놀라게 하다

20

물결모양 웨이브머리
wave

파도같은
웨이브댄스
wave

wave 파도, 물결

21

휠체어
wheel chair

바퀴

wheel
수레바퀴, (자동차의) 핸들

22

어시스트
assist

돕다

assist 돕다

23

밀크쉐이크
milk shake

흔들다

shake 흔들다, 흔들리다

24

퀵서비스
quick

빠른

quick 빠른

25

카우 보이(boy)
cow

젖소

cow 암소, 젖소

26

썬(sun)글라스
glasses

유리

*glasses
안경

glass 유리

27, 28

포켓 몬스터
pocket monster

괴물

호주머니

pocket 호주머니
monster 괴물

29

카레(curry) 라이스
rice

쌀, 밥

카레

rice 쌀, 밥

30

오 마이(oh my)
갇!
god

오 나의 신이시여

god 신, 하느님

31

워커힐 호텔
hill

언덕

hill 언덕

32

셔틀버스
shuttle

공항 호텔

왕복의 노선

shuttle 왕복의; 왕복운행

33

미트볼
meat (고기)+ball (공)

meat 고기

34

파이노 레슨
lesson

수업

lesson 수업

35

카트
cart

손수레

cart 손수레

36

안전한 세이프!
safe

safe 안전한

37, 38

레디, 액션!
ready action
준비 연기!

감독

ready 준비가 된
action 1. 행동 2. 연기

1월 ~ 12월

January 1월
[dʒǽnjuəri]

1월

제_일 new(새로운) 해가 시작되는
January

쥐뉴어(r)리 → 제(제일) new(새로운) 어리 : 제일 new(새로운) 해가 시작되는 1월(January)

_____   _____
- - - - - - - -   - - - - - - - -
_____   _____

_____   _____
- - - - - - - -   - - - - - - - -
_____   _____

February 2월
[fébruəri]

2월

일	월	화	수	목	금	토
				1	2	3
4	5	6	7	8	9	10
11	12	13	14	15	16	17
18	19	20	21	22	23	24
25	26	27	28	29	(30)	

빼부려리(빼버리다)
February

(f)페부(r)루어(r)리 → 빼부려리(빼버리다) : 마지막 날인 30일을 빼버리는 2월(February)

_____   _____
- - - - - - - -   - - - - - - - -
_____   _____

_____   _____
- - - - - - - -   - - - - - - - -
_____   _____

March 3월
[mɑːrtʃ]

새 학기를 시작하는
3월

말_을 치_다
march

마~(r)취 → 말 치(치다) : 말을 채찍으로 치고 달려 나가듯 새 학기를 시작하는 3월(March)

_____   _____
- - - - - - - -   - - - - - - - -
_____   _____

_____   _____
- - - - - - - -   - - - - - - - -
_____   _____

April 4월
[éiprəl]

에이프(r)럴 → 에잇! 뿌릴 : 봄이 되어 에잇! 하고 씨를 뿌릴 4월 (April)

May 5월
[mei]

메이 → 매일 : 매일 5월(May) 어린이달 같았으면

June 6월
[dʒuːn]

주~ㄴ → 준(줄어든) : 한 해가 반으로 준 6월(June)

다음 만화, 단어, 뜻을 관련 있는 것끼리 선으로 이어보세요.

June   3월

May   2월

February   5월

April   1월

January   4월

March   6월

July 7월
[dʒulái]

낮의 길이가 **줄**(어들)**라이**
July

7월

줄라이 → 줄(어들)라이 : 낮의 길이가 줄어들기 시작하는 7월(July)

August 8월
[ɔ́ːgəst]

오! 여름방학이
다 **갔어! 투!**
August

오~거스트 → 오 갔어! 투! : 오! 8월(August)이네! 여름방학이 다 갔어! 투!

September 9월
[septémbə(r)]

2학기 **9월** 준비물 판매

새 탬버린
September

셉**템**버(r) → 새 탬버(린) : 2학기가 시작되어 새 탬버린을 사야 하는 9월(September)

October 10월

[ɔktóubə(r) / ɑːktóubə(r)]

옥터우버(r)(or 아~ㅋ토우버(r)) → 옥토(끼) 봐 : 추석에 옥토끼가 방아 찧는 보름달을 볼 수 있는 10월(October)

November 11월

[nouvémbə(r)]

노우(v)벰버(r) → no! 뱀 봐 : 뱀들이 겨울잠을 자러 들어가 뱀을 볼 수 없는(no) 11월(November)

December 12월

[disémbə(r)]

디셈버(r) → 디(디게) 쎈 붜(붓다) : 디게 쎈 겨울바람이 눈을 세차게 부어대는 12월(December)

다음 만화, 단어, 뜻을 관련 있는 것끼리 선으로 이어보세요.

September • 8월

August • 10월

November • 7월

July • 9월

October • 12월

December • 11월

A 한글 뜻을 보고 옆의 영어 단어 철자를 완성하세요.

1	6월	J___ne
2	11월	___ ___vember
3	12월	___ ___cember
4	9월	S___ ___tember
5	4월	___pril
6	10월	___ ___tober
7	2월	Feb___ ___ary
8	5월	___ay
9	7월	J___ly
10	8월	___ ___gust
11	1월	Jan___ ___ry
12	3월	Mar___ ___

B 다음 단어들의 뜻을 적어보세요.

1	August	_____
2	April	_____
3	February	_____
4	November	_____
5	December	_____
6	March	_____
7	July	_____
8	October	_____
9	June	_____
10	May	_____
11	January	_____
12	September	_____

sometime 언젠가
[sʌ́mtaim]

> 썸타임 → some(어떤) + time(시간) : 어떤 시간에, 즉 언젠가
> (sometime)

sometimes 때때로
[sʌ́mtaimz]

> 썸타임(z)즈 → some(어떤) + time(시간) + s(복수형 어미) : 어떤
> 시간들마다, 즉 때때로(sometimes)

somewhere 어딘가에
[sʌ́mweə(r)]

> 썸웨어(r) → some(어떤) + where(어디에서) : 어떤 곳에, 즉
> 어딘가에(somewhere)

somebody
어떤 사람, 누군가
[sʌ́mbàdi]

썸바디 → some(어떤) + body(육체, 사람) : 어떤 사람 (somebody)

someone
어떤 사람, 누군가
[sʌ́mwʌn]

썸원 → some(어떤) + one(한 사람) : 어떤 사람(someone)

anytime
언제든지, 언제나
[énitàim]

에니타임 → any(어떤, 어떠한 ~도) + time(시간) : 어떠한 시간에도 (anytime)

anybody
어떤 사람, 어떤 사람도
[énibàdi]

에니바디 → any(어떤, 어떠한 ~도) + body(육체, 사람) : 어떤 사람(도) (anybody)

anyone
어떤 사람, 어떤 사람도
[éniwʌn]

에니원 → any(어떤, 어떠한 ~도) + one(한 사람) : 어떤 사람(도) (anyone)

다음 단어, 뜻을 관련 있는 것끼리 선으로 이어보세요.
(단, 우리말 뜻이 같을 경우 두 번 연결할 수 있습니다.)

somewhere •

• 언젠가

anyone •

• 어딘가에

sometimes •

• 언제든지, 언제나

anybody •

someone •

• 어떤 사람, 누군가

somebody •

• 어떤 사람, 어떤 사람도

anytime •

• 때때로

sometime •

anywhere 어디에도
[éniweə(r)]

에니웨어(r) → any(어떠한) + where(어디에서) : 어떠한 곳에서도
(anywhere)

unhappy 불행한
[ʌnhǽpi]

언해피 → un(not을 뜻하는 접두어) + happy(행복한) : 불행한
(unhappy)

unkind 불친절한
[ʌ̀nkáind]

언카인드 → un(not을 뜻하는 접두어) + kind(친절한) : 불친절한
(unkind)

unbelievable
믿을 수 없는, 믿겨지지 않는
[ʌ̀nbilíːvəbl]

언빌리~(v)버블 → un(not을 뜻하는 접두어) + believe(믿다) + able(~할 수 있는) : 믿을 수 없는(unbelievable)

---

underwater
물속의; 물속에서
[ʌ̀ndərwɔ́ːtə(r)]

언더(r)워~터(r) → under('아래에'를 뜻하는 접두어) + water(물) : 물속의(underwater)

under(아래에)+water(물)
underwater 물속의

---

beside ~와 나란히, 곁에
[bisáid]

비사이드 → be + side(옆) : 옆에 나란히

be + side(옆)
beside 옆에 나란히

inside 안쪽; 안쪽의
[ìnsáid]

인사이드 → in(안에) + side(사이드, 측면) : 안쪽 면

in(안에)+side(사이드,측면)
inside 안쪽(의)

outside 바깥쪽; 바깥쪽의
[áutsáid]

아웃사이드 → out(밖에) + side(사이드, 측면) : 바깥쪽 면

out(밖에)+side(사이드,측면)
outside 바깥쪽(의)

다음 만화, 단어, 뜻을 관련 있는 것끼리 선으로 이어보세요.
(연상되는 만화가 없는 경우, 단어와 뜻만 연결하세요.)

	underwater	어디에도
	inside	안쪽; 안쪽의
	beside	불행한
	outside	물속의; 물속에서
	unhappy	불친절한
	anywhere	믿을 수 없는, 믿겨지지 않는
	unkind	바깥쪽; 바깥쪽의
	unbelievable	~와 나란히, 곁에

A 한글 뜻을 보고 옆의 영어 단어 철자를 완성하세요.

1	어떤 사람, 어떤 사람도	any___ ___dy
2	어떤 사람, 어떤 사람도	any___ ___e
3	바깥쪽; 바깥쪽의	___ ___tside
4	불친절한	___ ___kind
5	어딘가에	some___ ___ere
6	때때로	sometime_
7	믿을 수 없는, 믿겨지지 않는	___ ___believable
8	안쪽; 안쪽의	___ ___side
9	어디에도	___ ___ywhere
10	언젠가	sometim___
11	어떤 사람, 누군가	some___ne
12	어떤 사람, 누군가	so___ebody
13	물속의; 물속에서	___ ___derwater
14	~와 나란히, 곁에	___ ___side
15	불행한	___ ___happy
16	언제든지, 언제나	___nytime

B 다음 단어들의 뜻을 적어보세요.

1	unkind
2	sometime
3	unhappy
4	sometimes
5	inside
6	anybody
7	beside
8	anytime
9	someone
10	anywhere
11	underwater
12	somebody
13	unbelievable
14	somewhere
15	anyone
16	outside

36

golden 금빛의, 황금 같은
[góuldən]

> 고울던 → gold(금)의 형용사형

sunny
화창한, 햇볕이 내리쬐는
[sʌ́ni]

> 써니 → sun(태양)의 형용사형

musician 음악가
[mjuzíʃən]

> 뮤(z)지(ʃ)션 → music(음악) + ian('~사람'을 뜻하는 접미어) :
> 음악을 하는 사람, 즉 음악가

speech 연설, 말
[spiːtʃ]

스피~취 → speak(말하다)의 명사형

lovely 사랑스러운
[lʌ́vli]

러(v)블리 → love(사랑)의 형용사형

flight 비행, 항공편
[flait]

(f)플라이트 → fly(날다)의 명사형

다음 단어, 뜻을 관련 있는 것끼리 선으로 이어보세요.

sunny •   • 비행, 항공편

speech •   • 사랑스러운

golden •   • 화창한, 햇볕이 내리쬐는

musician •   • 연설, 말

flight •   • 금빛의, 황금 같은

lovely •   • 음악가

strength 힘
[streŋθ]

스트렝(θ)쓰 → strong(강한, 튼튼한)의 명사형

length 길이
[leŋθ]

렝(θ)쓰 → long(긴, 기다란)의 명사형

height 높이
[hait]

하이트 → high(높은)의 명사형

national 국민의, 국가의
[nǽʃənəl]

내(ʃ)셔널 → nation(국가)의 형용사형

---

daily 매일의; 매일
[déili]

데일리 → day(하루)의 파생어 : 하루하루의, 즉 매일의, 매일

---

friendship 우정
[fréndʃip]

(f)프(r)렌드(ʃ)쉽 → friend(친구) + ship('상태, 성질'을 뜻하는 접미어)

다음 단어, 뜻을 관련 있는 것끼리 선으로 이어보세요.

friendship •

• 길이

daily •

• 국민의, 국가의

length •

• 힘

national •

• 높이

strength •

• 우정

height •

• 매일의; 매일

A 한글 뜻을 보고 옆의 영어 단어 철자를 완성하세요.

1	연설, 말	sp＿＿＿ch
2	금빛의, 황금 같은	gold＿＿
3	매일의; 매일	d＿＿ly
4	비행, 항공편	fli＿＿t
5	음악가	music＿＿n
6	힘	stre＿＿th
7	국민의, 국가의	nation＿＿
8	우정	friendsh＿p
9	사랑스러운	lo＿＿ly
10	화창한, 햇볕이 내리쬐는	s＿nny
11	높이	h＿＿ght
12	길이	le＿＿th

B 다음 단어들의 뜻을 적어보세요.

1	flight	_____
2	daily	_____
3	friendship	_____
4	height	_____
5	speech	_____
6	national	_____
7	sunny	_____
8	lovely	_____
9	strength	_____
10	length	_____
11	golden	_____
12	musician	_____

다음 단어들의 뜻을 적어 보세요.

34강

1 January _____

2 February _____

3 March _____

4 April _____

5 May _____

6 June _____

7 July _____

8 August _____

9 September _____

10 October _____

11 November _____

12 December _____

35강

13 sometime _____

14 sometimes _____

15 somewhere _____

16 somebody _____

17 someone _____

18 anytime _____

19 anybody _____

20 anyone _____

21 anywhere _____

22 unhappy _____

23 unkind _____

24 unbelievable _____

25 underwater _____

26 beside _____

27 inside _____

28 outside _____

36강

29 golden _____

30 sunny _____

31 musician _____

32 speech _____

33 lovely _____

34 flight _____

35 strength _____

36 length _____

37 height _____

38 national _____

39 daily _____

40 friendship _____

1 January 1월

2 February 2월

3 March 3월

4 April 4월

5 May 5월

6 June 6월

7 July 7월

8 August 8월

9 September 9월

10 October 10월

11 November 11월

12 December 12월

13 sometime 언젠가

14 sometimes 때때로

15 somewhere 어딘가에

16 somebody 어떤 사람, 누군가

17 someone 어떤 사람, 누군가

18 anytime 언제든지, 언제나

19 anybody 어떤 사람, 어떤 사람도

20 anyone 어떤 사람, 어떤 사람도

21 anywhere 어디에도

22 unhappy 불행한

23 unkind 불친절한

24 unbelievable 믿을 수 없는, 믿겨지지 않는

25 underwater 물속의; 물속에서

26 beside ~와 나란히, 곁에

27 inside 안쪽; 안쪽의

28 outside 바깥쪽; 바깥쪽의

29 golden 금빛의, 황금 같은

30 sunny 화창한, 햇볕이 내리쬐는

31 musician 음악가

32 speech 연설, 말

33 lovely 사랑스러운

34 flight 비행, 항공편

35 strength 힘

36 length 길이

37 height 높이

38 national 국민의, 국가의

39 daily 매일의; 매일

40 friendship 우정

19~24강 다시 복습

19강

1 cage _____
2 then _____
3 goat _____
4 fix _____
5 goose _____
6 bean _____
7 die _____
8 athlete _____
9 sweat _____
10 still _____
11 hard _____
12 miss _____

20강

1 itch _____
2 symbol _____
3 able _____
4 forgive _____
5 several _____
6 cost _____
7 often _____
8 engineer _____
9 mushroom _____
10 bark _____
11 lawn _____
12 provide _____

21강

1 riddle _____
2 heal _____
3 wealth _____
4 stomach _____
5 subway _____
6 ill _____
7 bath _____
8 bathroom _____
9 tail _____
10 chop _____
11 degree _____
12 company _____

22강

1 flow _____
2 float _____
3 weather _____
4 popular _____
5 because _____
6 create _____
7 wound _____
8 (swimming) pool _____
9 frog _____
10 audience _____
11 weapon _____
12 early _____

23강

1 sore _____
2 lazy _____
3 candle _____
4 glory _____
5 set _____
6 bored _____
7 smell _____
8 send _____
9 weak _____
10 cousin _____
11 lip _____
12 stick _____

24강

1 scare _____
2 windy _____
3 cough _____
4 even _____
5 cheap _____
6 convenience _____
7 dead _____
8 handkerchief _____
9 fail _____
10 excite _____
11 clear _____
12 clock _____

25~30강 다시 복습

25강

1 hasty _____
2 gym _____
3 pillow _____
4 village _____
5 trip _____
6 fireman _____
7 culture _____
8 trousers _____
9 pair _____
10 pumpkin _____
11 prize _____
12 enemy _____

26강

1 museum _____
2 elbow _____
3 honor _____
4 amazing _____
5 giant _____
6 vegetable _____
7 board _____
8 blackboard _____
9 own _____
10 loser _____
11 discuss _____
12 finish _____

27강

1 muscle _____
2 moment _____
3 honesty _____
4 South _____
5 southern _____
6 North _____
7 northern _____
8 borrow _____
9 departure _____
10 history _____
11 mill _____
12 windmill _____

28강

1 both _____
2 senior _____
3 donkey _____
4 laundry _____
5 woodpecker _____
6 throat _____
7 cancel _____
8 underground _____
9 than _____
10 mate _____
11 classmate _____
12 roommate _____

29강

1 twinkle _____
2 draw _____
3 teen _____
4 iron _____
5 behind _____
6 until(= till) _____
7 care _____
8 each _____
9 dawn _____
10 climb _____
11 sad _____
12 catch _____

30강

1 merry _____
2 sand _____
3 crab _____
4 filter _____
5 heat _____
6 shut _____
7 castle _____
8 knock _____
9 self _____
10 flash _____
11 weight _____
12 enter _____

31강

1 hole _____
2 cash _____
3 palace _____
4 wedding _____
5 march _____
6 cheer _____
7 straight _____
8 guide _____
9 slide _____
10 receive _____
11 lock _____
12 lead _____

32강

1 fry _____
2 sail _____
3 bakery _____
4 adventure _____
5 wide _____
6 burn _____
7 alarm _____
8 wave _____
9 wheel _____
10 assist _____
11 shake _____
12 quick _____

33강

1 cow _____
2 glass _____
3 pocket _____
4 monster _____
5 rice _____
6 god _____
7 hill _____
8 shuttle _____
9 meat _____
10 lesson _____
11 cart _____
12 safe _____
13 ready _____
14 action _____

34강

1 January _____
2 February _____
3 March _____
4 April _____
5 May _____
6 June _____
7 July _____
8 August _____
9 September _____
10 October _____
11 November _____
12 December _____

35강

1 sometime _____
2 sometimes _____
3 somewhere _____
4 somebody _____
5 someone _____
6 anytime _____
7 anybody _____
8 anyone _____
9 anywhere _____
10 unhappy _____
11 unkind _____
12 unbelievable _____
13 underwater _____
14 beside _____
15 inside _____
16 outside _____

36강

1 golden _____
2 sunny _____
3 musician _____
4 speech _____
5 lovely _____
6 flight _____
7 strength _____
8 length _____
9 height _____
10 national _____
11 daily _____
12 friendship _____

다시 복습 정답 »

─ 정답 ─

- **1강** 1 병아리 2 참새 3 상어 4 황소 5 뱀 6 오리 7 어린 양, 양고기 8 거북이 9 거미 10 표범 11 돌고래 12 뱀장어

- **2강** 1 매 2 꿀벌 3 낙타 4 수탉 5 1 박쥐 2 (야구) 배트 6 달팽이 7 곤충, 벌레 8 갈매기 9 칠면조 10 올빼미 11 생쥐 12 사슴

- **3강** 1 과일 2 비누 3 바다 4 안개 5 안개 낀 6 자라다 7 마늘 8 발톱 9 싸움; 싸우다 10 총 11 끌어당기다 12 쉬운

- **4강** 1 거지 2 경고하다 3 천국, 하늘 4 주소 5 아픔; 아프다 6 두통 7 거품, 비눗방울 8 벽, 담장 9 문제 10 어두운 11 1 삼각형 2 트라이앵글(악기) 12 인형

- **5강** 1 힘, 무력 2 마술적인, 신비한 3 선택하다 4 군대의 5 이, 치아 6 다치게 하다, 아프게 하다 7 던지다 8 군인 9 유치원 10 시끄러운 11 용기 12 연못

- **6강** 1 웃다 2 지갑 3 운동; 운동하다 4 호흡하다 5 바닥, 층 6 서두르다; 서두름 7 봄 8 1 떨어지다 2 가을 9 겨울 10 가을 11 훔치다 12 농장

- **7강** 1 1 화가 난 2 미친 2 큰 소리로 3 ~의 사이에 4 1 떠나다 2 남겨두다 5 옷 6 수박 7 현명한, 똑똑한 8 딸 9 수줍어하는 10 나뭇가지 11 여행하다; 여행 12 거친, 험한

- **8강** 1 위험 2 깨뜨리다, 부서지다 3 다리 4 소리치다 5 중국 6 시작하다 7 나르다, 운반하다 8 약속; 약속하다 9 나이, 시대 10 배 11 1 시골 2 나라 12 교환하다, 바꾸다

- **9강** 1 동의하다 2 당근 3 병 4 ~을 따라 5 가득한 6 수학 7 두려움; 두려워하다 8 갑작스러운 9 1 때리다 2 이기다 10 미워하다 11 교통 12 지갑

- **10강** 1 껴안다, 포옹하다 2 상상하다 3 충분한; 충분히 4 채우다 5 추측하다 6 섞다, 혼합하다 7 지옥 8 가위 9 화가 난 10 계단 11 아래층; 아래층에 12 위층; 위층에

- **11강** 1 식초 2 씨, 씨앗 3 맛있는 4 사과하다 5 기억하다 6 전투, 싸움 7 계곡 8 서로 다른 9 빛 10 맛보다 11 감옥 12 취미

- **12강** 1 조화, 조화로움 2 양배추 3 축하하다 4 건축하다 5 결심하다, 결정하다 6 외국의 7 요리하다; 요리사 8 쓰레기 9 문제, 곤란함 10 숙제 11 전부; 전부의 12 날카로운, 뾰족한

- **13강** 1 이발사 2 원 3 젖은 4 저녁식사 5 가는, 얇은 6 두꺼운 7 행운, 운 8 농구 9 배구 10 어리석은, 바보 같은 11 목소리 12 믿다

- **14강** 1 감정 2 위치 3 12개 4 손상, 피해 5 치다 6 배고픈 7 쟁반 8 햇빛 9 한 번 10 피곤한 11 1 샤워(하기) 2 소나기 12 굴, 동굴

- **15강** 1 과수원 2 1 골 2 목표 3 이의, 치과의 4 습관, 버릇 5 다른; 다른 것 6 다른 하나의; 다른 것 7 매력 8 한 장, 한 조각 9 미래 10 웅장한 11 할아버지 12 할머니

- **16강** 1 맥주 2 아이 3 금붕어 4 해변 5 지구, 땅 6 1 건네주다 2 통과하다 7 이유 8 운동장, 놀이터 9 따라가다 10 자유로운 11 매달다, 매달리다 12 잎

- **17강** 1 1 명령; 명령하다 2 주문하다 2 외로운 3 우아함 4 더러운 5 식물; 심다 6 온실 7 기쁨, 즐거움 8 여행; 여행하다 9 동전 10 양 11 아픔, 고통 12 약, 마약

- **18강** 1 뛰다, 깡충 뛰다 2 가져오다, 데려오다 3 극장 4 유령 5 식사 6 도착하다 7 솜, 목화 8 떨어지다, 떨어뜨리다 9 골라잡다, 뜯다 10 공포 11 격분 12 침묵, 고요

┌─ 정답 ─

- **19강** 1 우리, 새장 2 그때, 그 다음에 3 염소 4 1 고정시키다 2 수리하다 5 거위 6 콩 7 죽다, 사망하다 8 운동선수 9 땀; 땀을 흘리다 10 아직, 여전히 11 열심히 12 1 놓치다 2 그리워하다

- **20강** 1 가려움; 가렵다 2 상징 3 ~할 수 있는 4 용서하다 5 몇 사람의, 몇몇의 6 가격; ~의 비용이 들다 7 자주 8 기술자, 엔지니어 9 버섯 10 짖다 11 잔디, 잔디밭 12 공급하다, 주다

- **21강** 1 수수께끼 2 치료하다, 고치다 3 부, 재산 4 위 5 지하철, 지하도 6 병든 7 목욕 8 화장실, 욕실 9 꼬리 10 자르다, 팍팍 찍다 11 정도, 등급 12 회사

- **22강** 1 흐르다 2 뜨다, 띄우다 3 날씨, 기후 4 인기 있는 5 ~때문에 6 창조하다, 만들어내다 7 상처; 상처를 입히다 8 수영장 9 개구리 10 청중 11 무기 12 일찍; 이른

- **23강** 1 아픈, 쓰린 2 게으른 3 초 4 영광 5 놓다 6 지루한 7 냄새; 냄새가 나다, 냄새를 맡다 8 보내다 9 약한, 힘이 없는 10 사촌, 친척 11 입술 12 1 붙이다 2 막대기

- **24강** 1 겁주다 2 바람이 많이 부는 3 기침 4 (심지어) ~조차도 5 값이 싼 6 편의, 편리 7 죽은 8 손수건 9 실패하다 10 흥분시키다 11 맑은, 깨끗한; 깨끗이 치우다 12 (벽걸이) 시계

- **25강** 1 서두르는 2 체육관 3 베개 4 마을 5 (짧은) 여행 6 소방관 7 문화 8 바지 9 한 쌍 10 호박 11 상, 상품 12 적, 원수

- **26강** 1 박물관 2 팔꿈치 3 영광 4 놀랄만한, 굉장한 5 거인; 거대한 6 야채, 채소 7 판자 8 칠판 9 자기 자신의; 소유하다 10 (경쟁에서) 패자, 패배자 11 토론하다 12 마치다, 끝나다

- **27강** 1 근육 2 순간 3 정직 4 남쪽 5 남쪽의 6 북쪽 7 북쪽의 8 빌리다 9 출발 10 역사 11 방앗간 12 풍차

- **28강** 1 양쪽의, 둘 다의 2 손위의; 연장자 3 당나귀 4 세탁, 세탁물 5 딱따구리 6 목구멍 7 취소하다 8 지하의; 지하 9 ~에 비하여, ~와 비교하여 10 친구, 동료 11 학급친구 12 한 방 사람, 같이 방을 쓰는 친구

- **29강** 1 반짝반짝 빛나다 2 끌어당기다 3 십대; 십대의 4 철 5 뒤에 6 ~까지, ~할 때까지 7 1 조심 2 돌보아 줌 3 걱정; 걱정하다 8 각각의, 각자의; 각자 9 새벽녘 10 오르다, 기어오르다 11 슬픈 12 잡다

- **30강** 1 즐거운 2 모래 3 게 4 여과기; 거르다 5 열; 가열하다 6 닫다 7 성 8 치다, 두드리다; 노크 9 자기, 자신 10 번쩍이다, 빛나다; 번쩍 빛남 11 무게, 중량 12 들어가다

- **31강** 1 구멍 2 현금 3 궁전 4 결혼, 결혼식 5 행진 6 응원, 격려 7 똑바른, 쭉 뻗은 8 안내자; 안내하다 9 미끄러지다; 미끄럼틀, 미끄러짐 10 받다 11 자물쇠; 잠그다 12 이끌다

- **32강** 1 튀김; 튀기다 2 항해하다 3 빵집, 제과점 4 모험 5 넓은 6 타다, 불태우다 7 놀람, 경보; 놀라게 하다 8 파도, 물결 9 수레바퀴, (자동차의) 핸들 10 돕다 11 흔들다, 흔들리다 12 빠른

- **33강** 1 암소, 젖소 2 유리 3 호주머니 4 괴물 5 쌀, 밥 6 신, 하느님 7 언덕 8 왕복의; 왕복운행 9 고기 10 수업 11 손수레 12 안전한 13 준비가 된 14 1 행동 2 연기

- **34강** 1 1월 2 2월 3 3월 4 4월 5 5월 6 6월 7 7월 8 8월 9 9월 10 10월 11 11월 12 12월

- **35강** 1 언젠가 2 때때로 3 어딘가에 4 어떤 사람, 누군가 5 어떤 사람, 누군가 6 언제든지, 언제나 7 어떤 사람, 어떤 사람도 8 어떤 사람, 어떤 사람도 9 어디에도 10 불행한 11 불친절한 12 믿을 수 없는, 믿겨지지 않는 13 물속의; 물속에서 14 ~와 나란히, 곁에 15 안쪽; 안쪽의 16 바깥쪽; 바깥쪽의

- **36강** 1 금빛의, 황금 같은 2 화창한, 햇볕이 내리쬐는 3 음악가 4 연설, 말 5 사랑스러운 6 비행, 항공편 7 힘 8 길이 9 높이 10 국민의, 국가의 11 매일의; 매일 12 우정

memo

부록

기타 교육부지정 초등 단어들
모르고 있던 단어들은 보기와 같이 직접 연상법을 만들어서 암기해 보아요.

spoon
[spu:n]

숨가락

> 스푸~ㄴ → 슥 푼(푸다) : 밥을 숟가락(spoon)으로 슥 푼

숟가락

슥
||| 슥- 푼
spoon

pencil
[pénsl]

연필

> 펜 쓸 → 펜(pen) 슬(쓸) : 펜으로 쓸 것을 지울 수 있게 연필(pencil)로 쓰다

펜으로 쓸 것을 지울 수 있게
pencil

연필로 쓸

bread
[bred]

빵

> 브(r)레드 → 불에 두(두다) : 빵(bread)을 굽기 위해서 불에(불 위에) 두다

빵

불에 두다
bread

경선식 영단어

ago
[əgóu]

~전에; 이전에

> 어고우 → 어 go(가다) : 어, 10분 전에(ago) 갔어요(go).

also
[ɔ́:lsou]

또한

> 오~ㄹ소우 → 옳소 : 쟤도 옳고 너 또한(also) 옳소.

altogether
[ɔ̀:ltəgéðə(r)]

모두 함께

> 오~ㄹ터게(ð)더(r) → al(→ all : 모두) + together(함께) :
> 모두 함께(altogether)

angel
[éindʒl]

천사

> 에인쥴 → (어린) 애인줄 : 천사(angel)는 모두 어린 애인줄 알았어.
> 어른 천사도 있네.

animal
[ǽniml]

동물, 짐승

> 애니믈 → 애니(까) 물(물다) : 동물(animal)이 성인은 못 물고 작은
> 애니까 물었다

answer
[ǽnsə(r)]

대답; 답하다

> 앤써(r) → 안 써(쓰다) : 문자에 답을 안 써? 빨리 대답해!(answer)

any
[éni]

어떤

> 애니 → (어떤) 애니? : 널 때린 애가 이 중에 어떤(any) 애니?

arm
[ɑ:rm]

팔

> 아~(r)암 → 암 : 팔(arm)에 난 암 덩어리

beauty
[bjú:ti]

아름다움, 미인

> 뷰~티 → beautiful(아름다운)의 파생어

basket
[bǽskit]

바구니

> 배스키트 → 비스켓 : 바구니(basket)에 담겨 있는 비스켓

around
[əráund]

주변에, 주위에

> 1. 어(r)라운드 → a + round(둥근) : 사람들이 둥근(round)
>   선(을 따라) 주변에(around) 있다.
> 2. 어(r)라운드 → 어, 1라운드가 시작하자 권투시합을 보기위해 링
>   주변에(around) 모인 사람들

bedroom
[bédrù:m]

침실

> 베드(r)루~ㅁ → bed(침대) + room(방) : 침대(bed)가 있는 방
> (room)인 침실(bedroom)

become
[bikʌm]

~이 되다

> 비**컴** → 비 컴(컴컴한) : 비구름으로 하늘이 컴컴하게 되다(become)

bicycle
[báisikəl]

자전거

> **바**이시컬 → 바위 시끌(시끄럽다) : 바위투성이 길을 지날 때
> 시끄러운 소리가 나는 자전거(bicycle)

birth
[bɜːrθ]

탄생, 출생

> 버~(r)(θ)쓰 → 벌쓰 : 해피(happy : 행복한) 벌쓰데이(birthday :
> 생일)에서 birth는 탄생, 출생(birth)

boss
[bɔːs]

우두머리, 사장

> 보~쓰 → 보쓰 : 깡패의 보쓰는 우두머리(boss)

classroom
[klǽsrùːm]

교실

> 클래쓰(r)루~ㅁ → class(수업) + room(방) : 수업(class)을 듣는
> 방(room) 즉, 교실(classroom)

certain
[sɜ́ːrtn]

1. 어떤 2. 확실한

> **써**~(r)튼 → 서툰 : 시험문제를 풀 때 보기 중에 어떤(certain) 것이
> 확실한(certain) 정답인지 모를 정도로 그 과목에 서툰
> * certainly 확실히

contest
[kántest]

대회

> 칸테스트 → 큰 test(테스트, 시험) : 큰 test(시험)를 봐서 우승자를 가리는 대회(contest)

cube
[kju:b]

정육면체

> 큐~브 → 큐브 : 한 면을 같은 색깔로 맞추는 장난감인 큐브는 정육면체(cube) 모양

busy
[bízi]

바쁜, 분주한

> 비(z)지 → 비지 : 김과장이 출근 안 해서 자리가 비지(비었지). 그래서 나머지 직원들이 바쁜(busy)

crazy
[kréizi]

미친

> 크(r)레이(z)지 → 그래, 이 쥐 (때문에) : 그래, 이 쥐 때문에 미치겠어(crazy)!

cry
[krai]

울다

> 크(r)라이 → 클 아이 : 태어나 클 아이가 뱃속에서 나오자마자 울다(cry)

dish
[diʃ]

접시, 요리

> 디쉬 → 드시(죠) : "이거 드시죠"하며 주는 요리(dish)가 담긴 접시(dish)

down
[daun]

아래에, 아래로

> 다운 → 따운 : 권투에서 따운을 당해 아래로(down) 넘어지다

dream
[dri:m]

꿈; 꿈꾸다

> 드(r)리~ㅁ → 드림(드리다) : 내 꿈(dream)은 나중에 부모님께 집을 사서 드림

dry
[drai]

건조한, 말린; 말리다

> 드(r)라이 → 드라이 : 헤어드라이어(hair drier)는 머리(hair)를 말리는(dry) 것

far
[fɑ:(r)]

먼

> (f)파~(r) → 팔 : 팔을 들어 먼(far) 곳을 가리키다

fast
[fæst]

빨리; 빠른

> (f)패스트 → 패스트 : 패스트푸드(fast food)란 빨리(fast) 조리해서 빨리(fast) 먹을 수 있는 음식(food)

football
[fútbɔ:l]

축구, 미식축구

> (f)풋보~ㄹ : foot(발) + ball(공) : 발로 공을 차는 경기

forget
[fərgét]

잊다, 잊어버리다

> (f)퍼(r)겟 → 뽀개(뽀개다) : 머리가 뽀개지도록 아프더니 과거를 다 잊어버리다(forget)

front
[frʌnt]

앞

> (f)프(r)런트 → 프런트 : 식당 프런트(데스크)는 식당의 출입구 앞 (front)에서 손님을 맞는 장소

grade
[greid]

등급, 성적

> 1. 그(r)레이드 → 그래, 2도 : "그래 2(등급)도 영어 성적(grade) 으로 잘한 거야."
> 2. 그(r)레이드 → upgrade(업그레이드, 향상)란 'up(위로) + grade(등급, 계급)'으로 등급을 위로 올린다는 의미

grass
[græs]

풀(밭), 잔디

> 그(r)래쓰 → 글에 쓰(쓰다) : 풀밭(grass)에 앉아 평화로운 들판의 풍경을 글에(글로) 쓰다

hero
[híərou]

영웅

> 히어(r)로우 → 히어로 : 우리의 영웅(hero) 슈퍼맨, 스파이더맨은 슈퍼 히어로

hold
[hould]

잡다

> 호울드 → 홀드 : 권투에서 홀딩(holding)은 위기를 모면하려고 상대방을 잡고 있는(hold) 것

honey
[hʌ́ni]

벌꿀

허니 → 허니 : 허니버터칩은 honey(벌꿀)와 버터가 발라진 과자

neck
[nek]

목

넥 → 넥 : 넥타이(necktie)는 목(neck)에 묶는 끈(tie)

need
[niːd]

필요하다

니~드 → 니두(너도) : 일하는데 니두(너도) 필요하다(need)

newspaper
[njúːzpeipə(r)]

신문

뉴~(z)즈페이퍼(r) : news(뉴스) + paper(종이) : 뉴스를 담은 종이

over
[óuvə(r)]

~이상, ~위에

오우(v)버(r) → 오버 : '너무 오버하지 말라'고 할 때 오버는 보통의 행동 이상(over)을 의미함

poor
[pɔːr]

가난한, 빈곤한

포~(r) → 퍼(퍼주다) : 가난한(poor) 사람에게 쌀을 퍼주다

puppy
[pʌ́pi]

강아지

> 퍼피 → 뽀삐 : 우리 강아지(puppy) 이름은 뽀삐

same
[seim]

같은, 똑같은

> 세임 → 쌤쌤 : '똑같다(same)'란 뜻으로 흔히 '쌤쌤이다'라고 말함

visit
[vízit]

방문하다

> (v)비(z)지트 → 빚이 있(다) : 사채업자가 빚이 있는 사람들을 방문하다(visit)

wait
[weit]

기다리다

> 웨이트 → 웨이터 : 웨이터(waiter)가 손님이 주문하기를 옆에서 기다리다(wait)

way
[wei]

길

> 웨이 → 왜 이 : "왜 이 길(way)로 가세요?"

a	하나의	book	책	cool	멋진, 서늘한
A.M.	오전	boot	부츠	corner	구석, 모퉁이
about	~에 대하여	boy	소년	could	~할 수 있었다
accent	억양	brake	브레이크, 제동	couple	부부, 커플
after	~후에, ~뒤에	brand	브랜드, 상표	cover	덮다
afternoon	오후	breakfast	아침식사	curtain	커튼, 막
again	다시, 또	brother	형, 오빠, 남동생	cut	자르다
against	~에 반대하여	brown	갈색	cute	귀여운
air	공기, 대기	business	기업, 사업	dad	아빠
airplane(=plane)	비행기	but	하지만	dance	춤; 춤추다
all	모든; 모두	button	단추	date	날짜
always	항상, 언제나	buy	사다	day	날, 하루
and	그리고	by	~에 의하여	deep	깊은
apple	사과	call	부르다, 전화하다	design	설계하다; 디자인
art	예술, 미술	can	~할 수 있다	desk	책상
as	~처럼, ~으로서	candy	사탕	diary	일기, 다이어리
ask	묻다, 요청하다	cap	모자	difficult	어려운, 힘든
at	(장소) ~에서,	car	자동차	dinner	저녁식사
	(시간) ~에	cat	고양이	do	하다
away	(~로부터) 떨어져	chain	사슬, 체인점	doctor	의사, 박사
baby	아기	chair	의자	dog	개
back	등, 뒤	chance	기회	door	문
bad	나쁜, 좋지 않은	check	확인하다, 점검하다	double	두 배의, 이중의
ball	공	child	아이, 아동	drink	마시다; 음료
band	악단, 밴드	church	교회	drive	운전하다
bank	은행	city	도시	ear	귀
baseball	야구	class	학급, 수업	east	동쪽
battery	건전지	clean	깨끗한; 청소하다	eat	먹다
be	~이다, 있다	clip	클립	egg	달걀, 알
bear	곰	close	가까운; 닫다	elephant	코끼리
bed	침대	cloud	구름	end	종료; 끝나다
before	~전에; 이전에	club	동아리, 클럽	engine	엔진, 기관
bell	종, 벨	cold	추운, 차가워진	enjoy	즐기다
big	큰, 중요한	color/colour	색, 색깔	error	실수, 오류
bird	새	come	오다	evening	저녁
birthday	생일	comedy	코미디, 희극	every	모든, ~마다
black	검은; 검은색	concert	콘서트, 공연	eye	눈, 시선
blue	파란; 파란색	condition	조건, 상태	face	얼굴
boat	배, 보트	control	통제하다	fact	사실
body	몸, 신체	cookie/cooky	쿠키, 과자	factory	공장

family	가족, 가문	group	그룹, 단체	jeans	청바지
famous	유명한	guy	사람, 남자	just	단지
father	아버지, 부친	hair	머리카락, 털	keep	유지하다, 계속하다
feel	느끼다	hand	손	key	열쇠
field	들판, 밭	handsome	잘 생긴, 멋진	kick	차다
fight	싸우다	happy	행복한, 기쁜	kill	죽이다, 살해하다
file	파일, 서류철	hat	모자	kind	친절한; 종류
find	찾다, 발견하다	have	가지다, 얻다	king	왕
fine	좋은	he	그	kitchen	부엌, 주방
finger	손가락	head	머리	knife	칼
fire	불, 화재	heart	심장, 마음	know	알다, 인식하다
fish	물고기	heavy	무거운	lady	여성, 부인
flower	꽃	helicopter	헬기	lake	호수
fly	날다, 비행하다	hello/hey/hi	안녕하세요	large	큰, 대규모의
food	음식, 식품	help	도움; 돕다	last	지난, 마지막의
foot	발	here	여기, 이곳	late	늦은
for	~을 위하여	high	높은; 높이	learn	배우다, 공부하다
fox	여우	hit	치다	left	왼쪽
fresh	신선한	holiday	휴일, 명절	leg	다리
friend	친구	home	집; 가정의	letter	편지, 글자
from	~에서, ~으로부터	hope	바라다, 희망하다	like	~같은; 좋아하다
fun	재미있는	horse	말	line	선
garden	정원	hospital	병원	lion	사자
gate	문, 정문	hot	더운, 뜨거운	listen	듣다
gentleman	신사	hour	시간	little	작은; 조금
gesture	몸짓	house	집, 주택	live	살다, 생활하다
get	받다, 얻다	how	어떻게, 얼마나	livingroom	거실
giraffe	기린	human	인간, 사람	long	긴; 오래
girl	소녀	humor/humour	유머, 해학	look	보다, 찾다
give	주다, 전하다	hundred	100	love	사랑하다
glad	기쁜, 좋은	husband	남편	low	낮은
glove	장갑	I	나	luck	운, 행운
go	가다	ice	얼음, 빙하	lunch	점심
gold	금, 금메달	idea	생각, 아이디어	mail	우편, 메일
good	좋은	if	만약 ~라면	make	만들다
goodbye	작별인사, 안녕	important	중요한	man	남자, 사람
grape	포도	in	~안에,	many	많은; 여러
great	위대한, 큰		(특정 기간) ~에	marry	결혼하다
green	녹색	into	~ 안으로	meet	만나다
ground	땅	it	그것	memory	기억, 메모리

middle	중앙의, 중간의	one	하나	read	읽다, 독서하다
milk	우유	only	유일하게; 유일한	red	빨간, 붉은
mind	마음, 생각	open	열다; 열려 있는	restaurant	식당
money	돈	or	또는	rich	부자의, 부유한
monkey	원숭이	out	밖에	right	올바른; 오른쪽
month	달[개월]	P.M.	오후	ring	반지
moon	달	paint	그리다, 칠하다	river	강, 하천
morning	아침, 오전	pants	바지	road	도로, 길
mother	어머니	paper	종이	rock	바위
mountain	산	parent	부모, 학부모	room	방
mouth	입	park	공원	run	달리다
move	움직이다	part	부분, 일부	salt	소금
movie	영화	pay	지불하다	say	말하다
much	많은; 많이	peace	평화, 화해	school	학교
music	음악, 노래	people	사람들	score	점수
must	~해야 한다	picnic	소풍	sea	바다
name	이름, 명칭	picture	사진, 그림	season	계절
nation	국가, 나라	pig	돼지	see	보다
nature	자연	pink	분홍색	sell	팔다, 판매하다
near	가까이; 가까운	place	장소	she	그녀, 그 여자
never	결코, 절대	plan	계획; 계획하다	ship	선박, 배
new	새로운	play	놀다, 시합하다	shock	충격; 놀라게 하다
next	다음의, 옆의	please	제발, 부디	shoe	신발
nice	멋진, 좋은	point	요점	shop	가게
night	밤, 저녁	police	경찰	short	짧은, 단기의
no	~이 없는, ~가 아닌	potato	감자	show	보여주다
nose	코, 후각	power	힘	sick	아픈, 병든
not	~아니다	pretty	예쁜	side	측면, 면
note	메모, 쪽지	prince	왕자	sing	노래하다
nothing	아무것도 ~않다	print	인쇄하다	sister	여동생, 언니, 누나
now	지금, 이제	push	밀다	sit	앉다
number	수, 숫자	put	넣다, 두다	size	크기
nurse	간호사	puzzle	퍼즐, 수수께끼	skin	피부, 껍질
of	~의	queen	여왕	skirt	치마
off	~에서 떨어져	question	질문, 문제	sky	하늘, 상공
office	사무소, 회사	quiet	조용한, 고요한	sleep	자다
oil	석유, 기름	rabbit	토끼	slow	느린
old	나이든, 오래된	race	경주, 경기	small	작은, 소규모의
on	~위에	rain	비; 비가오다	smart	똑똑한
	(요일, 날짜 등) ~에	rainbow	무지개	smile	미소; 웃다

snow	눈; 눈이 내리다	there	그곳, 거기	wear	입다, 착용하다
so	그래서, 그렇다면	they	그들, 그것들	week	주, 일주일
soccer	축구	thing	것, 일	weekend	주말
sock	양말	think	생각하다	welcome	환영하다
soft	부드러운	this	이것	well	잘
some	일부, 몇몇	tiger	호랑이	west	서쪽, 서양
son	아들, 자식	time	시간, 때	what	무엇
song	노래, 곡	to	~에, ~까지	when	언제
sorry	미안한, 죄송한	today	오늘	where	어디에
sound	소리; 들리다	together	함께, 같이	white	하얀
speak	말하다	tomorrow	내일	who	누구
speed	속도	tonight	오늘밤	why	왜
stand	서다, 세우다	too	또한	wife	아내, 부인
start	시작하다; 시작	top	위쪽의, 최고인	will	~할 것이다
stay	머무르다, 유지하다	touch	만지다	win	우승하다, 이기다
stone	돌	tower	탑, 타워	wind	바람, 풍력
stop	멈추다, 중단하다	town	마을, 도시	window	창문, 창
story	이야기, 줄거리	toy	장난감	wish	바라다; 소원
strawberry	딸기	tree	나무	with	~와 함께
street	거리, 길	true	진실; 진정한	woman	여성, 여자
stress	스트레스, 긴장	try	노력하다, 해보다	wood	목재, 나무
strong	강한, 힘센	turn	돌리다	word	단어, 말
student	학생	twice	두 번, 두 배	work	일하다
study	공부하다	type	유형, 종류	world	세계, 세상
sugar	설탕, 당분	umbrella	우산	worry	걱정하다
sun	태양, 해	uncle	삼촌, 아저씨	write	쓰다, 적다
swim	수영하다	under	아래쪽의; ~밑에	wrong	잘못된, 틀린
table	탁자	understand	이해하다	year	해[년], 연도
take	(시간이) 걸리다, 취하다, 잡다	up	~위에	yellow	노란색
		use	이용하다	yes/yeah/yep	네
talk	말하다	very	매우, 아주	yesterday	어제
tall	키가 큰	wake	깨다, 깨우다	you	너, 당신
tape	테이프	walk	걷다	young	젊은, 어린
teach	가르치다, 알려주다	want	원하다	zebra	얼룩말
telephone	전화	war	전쟁	zoo	동물원
tell	말하다, 이야기하다	warm	따뜻한, 온난한		
test	시험, 실험	wash	씻다, 세탁하다		
thank	감사하다	watch	보다, 관람하다		
that	저것	water	물		
the	그	we	우리		

INDEX

float	173	gun	026	**K**		muscle	210
floor	046	gym	196	kid	123	museum	203
flow	173			kindergarten	041	mushroom	160
fog	023	**H**		knock	236	musician	281
foggy	023	habit	115				
follow	126	handkerchief	190	**L**		**N**	
foolish	104	hang	127	lamb	011	national	285
force	038	hard	154	laugh	045	noisy	042
foreign	092	harmony	091	laundry	220	North	211
forgive	158	hasty	196	lawn	161	northern	213
fortune	103	hate	072	lazy	180	November	269
free	127	hawk	015	lead	246		
friendship	285	headache	032	leaf	127	**O**	
frog	176	heal	164	leave	055	ocean	022
fruit	022	heat	234	length	284	October	269
fry	249	heaven	031	leopard	012	often	160
full	069	height	284	lesson	259	once	110
fury	141	hell	080	light	087	orchard	114
future	117	hill	257	lip	184	order	130
		history	214	lock	246	other	115
G		hobby	088	lonely	130	outside	278
garbage	094	hole	242	loser	207	owl	019
garlic	025	homework	095	lovely	282	own	206
ghost	138	honesty	210				
giant	204	honor	203	**M**		**P**	
glass	256	hop	137	mad	054	pain	134
glory	181	horror	141	magical	038	pair	199
goal	114	hug	077	march	243	palace	242
goat	150	hungry	108	March	265	pass	124
god	257	hurry	046	mate	223	pear	065
golden	281	hurt	039	math	069	pick	140
goldfish	123			May	266	piece	117
goose	151	**I**		meal	138	pillow	196
grace	130	ill	165	meat	259	plant	131
grand	118	imagine	077	merry	233	playground	126
grandfather	118	inside	278	military	039	pleasure	133
grandmother	118	iron	227	mill	214	pocket	256
greenhouse	131	itch	157	miss	154	pond	042
grow	023			mix	078	(swimming) pool	176
guess	078	**J**		moment	210	popular	174
guide	245	January	265	monster	256	position	107
gull	018	July	268	mouse	019	prison	088
		June	266			prize	200

초단기 암기 100% 리얼 후기

1일 완성

[중학 1300단어 1일 완성] "30% 정도 밖에 몰랐던 중학영단어를 1일만에 100% 암기했어요" (양지민)

처음 알고 있던 단어는 30% 정도 밖에 안됐는데 1일만에 중학영단어를 100% 암기했어요 선생님의 목소리를 통해서 또 그림을 통해서 설명해주시기 때문에 단어를 암기할 때 머리 속에 오래 기억이 남았어요 강의 중간에 복습을 시켜주셔서 암기가 더 잘 됐던 것 같습니다. 재미있는 연상법들 덕분에 자신감도 생기고 영어공부가 즐겁게 느껴져요.

▶ 1일완성 다음날 회사 방문하여, 무작위로 추출한 100단어 TEST에서 100점

2일 완성

[중학 1300단어 2일 완성] "한 강에 15분 씩, 2일이면 가능해요. 다음날도 까먹지 않고 오래 기억나요" (장미혜)

원래 알고 있던 단어는 200개 정도였는데 강의 수강하면서 이틀 만에 2000개의 단어를 암기했어요. 2배속으로 한번에 20강씩 했고 한 강에 15분 정도 걸렸어요. 쓰면서 할 때는 다음날 바로 까먹었는데 지금은 선생님 동작을 따라 하면 그 장면이 신기하게 다 기억나요. 그러면서 단어랑 뜻이 동시에 생각나요. 선생님이 원어민처럼 발음 교정 해주셔서 안 헷갈리고 오히려 더 좋아졌어요.

▶ 2일완성 다음날 회사 방문하여, 무작위로 추출한 100단어 TEST에서 100점

4일 완성

[수능 2900단어 4일 완성] "연상법은 발음과 뜻을 연결 시키기 때문에 외우기 쉽고 잊어버리지 않아요" (정한교)

4일 완강을 목표로 1.8배속으로 수강하며 누적복습을 했습니다. 강의 덕분에 4일 완성이 가능했어요. 선생님이 연상법을 생생하게 설명해 주셔서 쉽게 이해가 되었습니다. 처음에는 주위에서 연상법에 대한 부정적인 말들이 많았는데 막상 해보니 연상법이 발음과도 연관이 있고 단어의 의미와 연관이 있기 때문에 외우기 수월하고 쉽게 잊어버리지 않았습니다. 게다가 발음도 정확하게 알게 되어 많은 도움이 되었습니다. 예전에는 쓰면서 암기하니 계속 까먹고 다시 외우고 하는 시간이 너무 많이 걸렸는데 선생님의 연상법으로 하니 적은 시간 안에 많은 단어를 외우게 됐습니다.

▶ 4일완성 다음날 회사 방문하여, 무작위로 추출한 100단어 TEST에서 100점

5일 완성

[수능 2900단어 5일 완성] "강의에서 복습을 계속 해주시니깐 암기효과가 더 컸던 것 같아요" (김민서)

5일 동안 하루 종일 강의와 책만 보고 단어를 외웠어요. 의지를 가지고 열심히 하니 5일만에 암기가 가능했고요, 빠른 배속으로 인강을 들으며 mp3 자료를 자투리 시간에 많이 활용했어요. 단기 완성이 가능했던 이유는 선생님이 알기 쉽게 발음을 이용하여서 풀이를 해주는데 그 풀이가 정말 제 귀에 쏙쏙 들어왔고 강의 중간중간 복습도 계속 해주셔서 단어를 안 까먹고 머리 속에 집어 넣을 수 있었던 것 같습니다. 단어 실력 뿐 아니라 발음 향상과 복습하는 습관이 길러져 많은 도움이 됐습니다.

▶ 5일완성 다음날 회사 방문하여, 무작위로 추출한 100단어 TEST에서 100점

3일 완성

[공편토 2700단어 3일 완성] "해보면 알아요 해마학습법이 얼마나 대단한 것인지! " (신애라)

21강부터 80강까지 아는 단어는 1~2% 정도였어요. 3일 동안 16시간 동안 공부했습니다. 집중하면서 누적 복습을 꾸준히 하였고 생각이 안나는 단어는 거의 없었어요. 3일 완성의 비결은 제 의지와 집중력이 기본이겠지만 무엇보다도 중요한 것은 경선식 선생님을 믿고 끝까지 갔던 것이라고 생각합니다. 의심과 유치하다는 생각은 결국 내가 할 수 있을까라는 의심을 들게 하고 암기에 대한 확신이 사라지게 됩니다. 저는 경선식 선생님께서 유명하신데는 다 이유가 있다고 생각하고 끝까지 믿고 갔었습니다. 3일 안에 이렇게 다 외워진 것을 보고 진짜 해마학습법이라는 게 얼마나 대단한 것인지 실감하게 되었습니다.

▶ 3일완성 다음날 회사 방문하여, 무작위로 추출한 100단어 TEST에서 100점

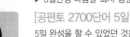
5일 완성

[공편토 2700단어 5일 완성] "처음엔 저도 안 믿었는데 진짜 단어가 잊혀지지 않더라고요" (김병재)

5일 완성을 할 수 있었던 것은 강의를 활용하여 발음이나 연상법이 뇌리에 잘 남기 때문이었고 가장 중요한 것은 역시 복습이라고 생각합니다. 연상법은 이미 개발이 잘 되어있기 때문에 저는 그것을 잘 소화하는 것에만 집중을 하여 누적복습을 열심히 했습니다. 처음에는 연상법으로 어려운 단어들도 외워질 수 있을까 하는 의심이 좀 들었지만 한강 두강 차곡차곡 쌓이고 단어가 잊히지 않음에 따라서 믿음을 갖게 되었습니다. 발음을 망치지 않나 오해가 있는데 발음을 망치는 경우는 없었고 오히려 혼자 단어를 외울 때는 단어 발음을 잘 몰라서 못 읽는데 선생님 강의는 단어마다 제대로 된 발음을 해주시기 때문에 오히려 공편토 강의를 통해서 제 발음이 더 좋아졌다고 볼 수 있습니다.

▶ 5일완성 다음날 회사 방문하여, 무작위로 추출한 100단어 TEST에서 100점

4일 완성

[토익 2200단어 4일 완성] "한 번 읽으면 연상이 떠오르면서 암기가 바로 되더라고요" (이지중 학생)

강의를 보면서 선생님 말씀대로 따라하니 단어를 한 번 읽으면 연상이 떠올라 바로 바로 암기를 할 수 있었습니다. 이렇게 단 시간에 암기 할수 있다는 것이 놀라웠고 쓰면서 단어를 외울 때는 비슷한 단어들이 항상 헷갈렸었는데 연상법을 하면서 비슷한 단어들도 더 뚜렷하게 구분 할수 있었습니다.

▶ 4일완성 다음날 회사 방문하여, 무작위로 추출한 100단어 TEST에서 100점

6일 완성

[토익 2200단어 6일 완성] "해마학습법으로 암기하니 예전보다 훨씬 빠르게 암기가 됩니다" (이수정 학생)

해마학습법으로 암기하니 일반적인 암기법보다 훨씬 더 빠르게 암기가 됐었던 것 같구요. 동작을 따라 하면서 능동적으로, 적극적으로 하니 외우는데 좀 더 수월하지 않았나 생각이 듭니다. 발음 또한 세심하게 짚어주셔서 그런 부분에 있어서 굉장히 만족했어요.

▶ 6일완성 다음날 회사 방문하여, 무작위로 추출한 100단어 TEST에서 100점

놀라운 해마학습법의 효과!
수강생이 말하는 100% 리얼 수강후기

경선식에듀 홈페이지에 남겨진 수강생 강좌평입니다.

(주)경선식에듀는 과대 광고를 하지 않습니다. 오직 검증된 효과만을 보여드립니다. 아래의 수강후기는 실제 수강생들에 의해 작성된 내용입니다. 경선식에듀 홈페이지(www.kssedu.com)를 통해 확인 가능합니다. 조작된 글이라는 의심이 가는 것이 있다면 법이 허용하는 한도에서 직접 학생이 남긴 것임을 증명해 드릴 수 있습니다.

단어를 재미있고 쉽게 외울 수 있어서 좋아요!

보통 교재는 그냥 단어만 쭉 나열되어 있고 옆에 발음이 나와있는데, **경선식영단어는 단어도 만화로 재미있게 나와있고 발음도 다른 것과 연관지어 쉽게 알 수 있어서 좋습니다.**

교재만 봐도 새미있는데 선생님이 강좌에서 친절하게 설명해주셔서 재미있고 쉽게 외울 수 있어서 좋아요. **단어를 발음도 해주시기 때문에 어떻게 읽는지 정확히 알 수 있었어요!**

- 김다윤 수강생 -

만화로 단어를 외우니까 정말 재밌어요!

일반책은 너무 지루한데 해마 학습법 만화책은 너무 재미있고 외우기 쉬워서 계속 봐도 질리지가 않아요. 강의로 들으면 훨씬 더 외우기 쉬워서 정말 하루도 쉬지 않고 공부했어요. **선생님이 발음을 제대로 교정해 주셔서 영어단어를 단순히 머리속으로 외우는게 아니라 입으로 말할 수 있는 훈련이 되어서 영어 실력이 더 빨리 좋아진 것 같아요.**

- 김유열 수강생 -

동영상 강의를 보여주니 아이가 잘 따라해요!

학원이고 학습지고 다 시켜봤는데 아이가 썩 좋아하지 않았어요. 그러다 **우연히 경선식영단어 초등 강의를 시작하게 되었는데, 아이가 정말 재밌어 하더라구요. 동영상 강의를 보여주니 확실히 단어가 기억에 남는 것 같아 보였어요.** 얘가 선생님 해주시는 발음을 따라하면서 너무 잘하는거예요.
심지어 제가 한국식 발음을 하면 그게 아니라고 교정까지 해준답니다!

- 김서희 수강생 어머니 -

지금도 많은분들이 해마학습법의 놀라운 효과를 경험 중입니다.

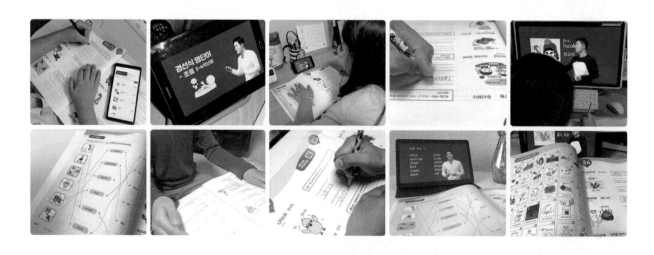

중학 수강후기

중학생이어도 하루 3시간이면 일주일도 안돼 1000개가 넘는 단어를 암기할 수 있다는 게 얼마나 대단한 건가요 미라클~ (차지은)

강의를 들을 때는 선생님 강의만 보세요. 책을 보며 강의를 보다 보면 금방 중요한 충고와 연상법을 놓치게 됩니다. 또한강의 중에 말씀해주는 단어의 뜻은 가장 중요한 것만을 골라 말씀해주시는 거니, 교재에 쓰여진 단어의뜻을 하나하나 완벽히 토씨 하나 틀림없이 알려 하지 마세요. 시간만 더 가더라구요. 저도 강의 듣다가 진짜 어리석은 거라는 선생님 말 듣고 완벽주의 버렸습니다. 복습은 2배로 돌려 집중하여 보거나, 복습강의프로그램을 이용해서 빠르게 여러 번 봅니다. 이 놀라운 강의는 책이 없어도 중요 단어와 파생어를 동시에잡게 해주었어요..ㅠㅠ 미라클.. 예전에 몇십만원이 넘는강의 신청했다가 항상 완강 못하고 포기하고만 제가 선생님 믿고 말 들으니까 좀 하는 것 같아 기특해요. 다들열심히 하시길 바래요. 중학생이어도 하루 3시간 잡으면 일주일도안돼 1000개가 넘는 단어를 다 암기할 수 있다는 게 얼마나 대단한 건가요. 다들 힘내세요 ^^ 선생님..감사합니다.

정말 연상학습법이 사람 뇌의 한계를 깨버리는 것 같아요! 경선식선생님 짱짱 (윤지원)

몇 일 전에 강좌 신청해서 오늘까지 치면 4일만에 모두 끝냈네요~~ 솔직히 기억 안 날 법도 한데 너무나 잘 외워져서 감동 ㅜㅜ 일단 듣는 거 만으로도 99.9%다외워져요! 당연히 열심히 들으니깐 효과는 더 좋았겠죠!~ 들으니깐 정말 다 기억나네요 스펠링 좀 헷갈리는 것들은 공책에정리하면서 외웠어요^^ 그리고 복습은 선생님 말씀대로 주기적으로 했어요. ㅎ 한강의 끝날 때마다 책 덮고라고 바로 복습하고 10강단위로 끊어서 복습했거든요! 기억에너무 잘 남아요~~그리고 더 좋은 건 제가 중2독해책을 샀었는데일단 단어를 모르니깐 단어 일일이 뜻 하나씩 다 찾기도 어렵고 한 문제 풀기에도 너무 버거웠었는데 경선식 선생님을 만나고 나선! 독해도 술술 풀려요 문법적으로 암기하지 않아도 일단 단어가 바탕이 되니깐 문제도 잘 풀리고~ 단어를 외우려고 하면 금방 잊어먹고 잘 안 풀리는 문제는 포기해버리고 그랬었거든요~~ 그런 저에게 부족한 점을 채워주신 분입니다~~ㅎ 그리고 4일만에 저에게 신기한 변화가 생겼어요 아는 단어가 생기니깐 아는 단어를 영어로 말하고 ㅎㅎ 정말 선생님께도감사 드리지만 제가 이 단어들을 모두 외웠다는 게 너무 기특하더라고요 정말 연상학습법이 사람 뇌의 한계를 깨버리는 것 같아요! 경선식선생님 짱짱

수능 수강후기

12일 만에 고1,2과정을 마쳤습니다. '아, 이래서 이 학습법이 10년째 계속 1위를 하고 있구나.'라는 생각이 들더라구요 (노현주)

제가 '경선식 해마학습'이라는 단어를처음 들었을 때는 중학교2학년 때였습니다. 그때 저는 불신에 가득 차서 '이런 말도 안 되는 발음 가지고 학습이 제대로 되나?'라며 오히려 친구들을비난했습니다. 그런데 저의 생각이 얼마나 잘못되었고 모순된 생각이었는지 경선식 선생님의 샘플강의를 보고서야 깨달았습니다. '아, 이래서 이 분이,이 학습법이 10년째 계속 1위를 하고 있구나.'라고 깨닫자 마자 영단어는 저의 머리에 무섭도록 새겨지기 시작했습니다. 단지 강의 한번을 들었을뿐인데 거의 90%이상이 기억이 나고 심지어 잠깐 빼먹고 다시 복습을 했을 때까지 영어단어가 저의 머릿속에 있었습니다. 이 놀라운 혁명을 경험한저는 더욱 학습을 열심히 하게 되었고 12일 만에 고1,2과정을 마쳤습니다 저는 독해가 이렇게 쉬운 줄 몰랐습니다. 그냥 술술 읽었는데 경선식선생님께서 설명해주신 어휘들이 80%이상 들어있었습니다. 저는 경악했습니다. 왜냐하면 그날 저는 모든 문제를 다 맞았고, 심지어는 해석까지 정확하게했었기 때문입니다. 믿으세요. 그리고 한번 들어보세요. 영어가 쉬워집니다.

수능영어 97점으로 서울대 합격!! 영어 4등급도 받은 적 있던 저로써는 '기적의 해마학습'에 감사드릴뿐입니다. (천영은)

고30이 되고 처음 보는 3월 모의고사 때 영어에서 3등급을 맞았습니다. 틀린 문제들을 분석해본 결과 헷갈리거나모르는 단어들을 '대충'해석해서 틀린 거입니다. 무작정 암기하는 게 능사가 아니라는 것을 깨닫고 효율적으로 암기할 수 있는 방법을 다시 찾았습니다. 순간 경선식 수능영어 초스피드 암기비법 책이 떠올랐고 ch.1부터 찬찬히 살펴보기 시작했습니다. 효율적으로 외울 수 있는 것은 물론 무엇보다 지루하지않았습니다. 게다가 단어의 뜻을 추상적으로 암기하는 게 아니라 연상법을 통해 뉘앙스 차이를 구별하여 정확하게 뜻을 암기할 수 있었습니다. 그리고 접두어를 통해 단어들을 일괄적으로 알려 주실 때 정말 도움 많이 되었습니다! 수능 날, 아깝게 1문제를 틀렸지만 이전에 영어 4등급도 받은 적이 있던 저로써는 경선식 선생님의 '기적의 해마학습'에 감사드릴뿐이었습니다.운 좋게 서울대학교라는 명문대도 합격하게 되었고, 현재 재학생으로써 열심히 학업에 임하고 있습니다. 너무 감사드립니다 ^^

공편토 수강후기

공무원 시험 합격의 일등공신, 6주 만에 공무원 영어 끝냈습니다. (이동섭)

9년의 직장생활 후 2년의 수험생생활,시험 실패 후 다시 직장에 취업해서 직장에 다니면서 공무원시험에 합격하였습니다. (현재 37살) 저의 처음 영어실력은 정말 중학교 영어단어도모르는 실력 이였습니다. 하지만 우연히 접한 초스피드 영어 암기법과 공편토를 접하고 정말 재미있게 웃으면서 영어단어를 외웠습니다. 2주일만에 수능영단어끝내고, 다시 4주만에 공편토를 끝냈습니다(총 6주) 영어만 보면 머리부터 발끝까지 소름이 끼치고, 정신이 몽롱하던것이 6주후에는 문제의 영어단어들이저를 반갑게 대해 주었습니다. 저는 공무원 시험 합격의 일등공신이 초스피드 암기기법과 공편토라고 당당히 말씀 드리고 싶고, 열강해주신 경선식선생님께 감사의 말씀 전합니다.

공편토본 애들 고대 3명 성대 3명 이대 1명 한양대 2명 홍대1명합격했습니다. 전 성균관대 합격! (김진)

6개월의 짧은 시간 동안 제게 정말 많은 힘을 준건"공편토"입니다. 처음 김학원에서 모의고사를 봤을 때 20점대에서 공편토의 진도가 늘어가는 만큼 성적도 상승 22 → 44 → 63~70~80!! 저는 하루에 7강씩하고 스터디그룹 사람들이랑 60단어 시험보고 다음날 시험 60문제 중 10문제는 앞에서 봤던 단어를 랜덤으로 뽑아서 내고요.이런 식으로 정말 많이 봤습니다. 공편토의 장점은 몇 번 독파하면 선생님이 만드신 연상법이 마치 어군처럼 되어서 정말 기억이 잘 나는 것 같아요.제가 성적이 수직상승하고 주변에 많이 권해서 공편토본 애들 15명중 고대 3명 성대 3명 이대 1명 한양대 2명 홍대1명 합격했습니다. 성대합격한지며칠 지났지만 아직도 감격의 눈물이 마르지 않네요! 경선식선생님!! 정말 감사합니다. ㅠㅠ

토익 수강후기

토익 990점 만점 ^^ (박은주)

공부하다 보니 토익이만점이 나왔습니다. condone이란 단어의 연상법을 블로그에서 보고 시작하게 되었어요. 문법이나 독해 스킬도 중요하지만 일단 영어는 단어를 알아야 문제를 풀 수 있다고 보거든요. 독해 같은 경우에도 시간을많이 단축 시킬 수가 있고요.영어 시험에서 어휘가 한 80%정도 차지하지 않나 싶습니다. 그래서 어휘 공부만 했는데도 리스닝이나 독해, 문법 점수까지 함께 오르는 것을 경험해봤습니다.

TOTAL
990

▣ 최근 TOEIC 성적				시험입자를 클릭하면 상세 내역 을 확인할 수 있습니다	
수험번호	LC	RC	TOTAL	성적표 최초 발급	성적표 재발급
641175	495	495	990	우편수령	신청▸

3개월만에 토익 745 → 910 해냈다! 어휘문제는 1개빼고 다맞았어요.ㅎㅎ (정주희)

원래부터 듣기에는 조금 자신이 있었지만 파트5도 그렇고 파트6, 파트7까지토익 같은 경우에는 어휘문제가 상당부분을 차지하고 있기 때문에 문제를 아무리 풀어봐도 딱히 이렇다 할만큼 점수가 오르지 않더라구요..ㅠㅠ 원체단어가 약한 편이라 큰맘먹구 경선식 단어를 수강했습니다. 그렇게 20일정도 마음을 굳게 먹고, 복습하고, 집에서 읽어보고 하다 보니까 어느 샌가실력이 부쩍 늘었어요. 토익 RC에서만 115점을 올리게 되니까 너무 감개무량하네요! 이번 시험에 어휘문제는 1개빼고 다 맞았어요. ㅎㅎ! 단어의 효과라는 게 무섭네요. ㅎㅎ 3개월만에 745점에서 910점으로! 중요한 점은 LC점수는 거의 그대로인데 RC점수만 수직상승이란 점입니다!의심에서 믿음으로 !! 와.ㅎㅎ 선생님 정말 감사합니다!

경선식 영단어

- ☑ 동영상 강의로 5배 이상 빠른 암기효과
- ☑ 선생님의 몸짓과 표정을 활용하여 더 빠르고 효과적으로 암기
- ☑ 복습프로그램 제공으로 체계적인 반복학습 가능

경선식 중학 영단어

어휘 구성
교육과정의 기본 어휘표와 중학교 전 교과서를 분석하여 중학교 전 과정 동안 필요한 최적의 어휘로 구성

기본 838개 + 완성 864개 + 파생어 491개 = 2,193 단어

전체 강의 수 : 60강

경선식 수능 영단어

최적의 어휘구성 수능, 내신1등급! 경선식영단어면 충분하다!

고1,2 학년 수준의 어휘 구성   고2,3 학년 수준의 어휘 구성

활용빈도 우선순위로 최적의 어휘 구성

ALL

수능 + 내신 + EBS + 모의고사

수능 Vol.1 (기본) + Vol.2 (완성)   전체 강의 수 : 99강

경선식 영단어

✓ 동영상 강의로 5배 이상 빠른 암기효과
✓ 선생님의 몸짓과 표정을 활용하여 더 빠르고 효과적으로 암기
✓ 복습프로그램 제공으로 체계적인 반복학습 가능

경선식 영단어 초스피드 암기비법 [토익]

어휘 구성
토익 단어 완벽 수록(리딩&리스닝 포함), 최신 문제와 지난 기출 문제들을 분석하여 신토익에 필요한 모든 어휘 철저히 대비

기출 어휘를 통해 실전 학습 ➕ 리딩&리스닝 어휘 완벽 대비 ➕ 혼동하기 쉬운 어휘 완벽 정리 ➕ 출제 빈도율 높은 어휘 완벽 정리 🟰 최신경향에 맞춘 최적의 어휘 2,600여개 이상

● 강의구성 : 「어휘 공부 한달 만에 125점 상승의 놀라운 비법」

전체 강의 수 : 86강
강의 시간 : 35분/1강 (복습강의 포함)

경선식 영단어 공편토 (공무원 편입 토플)

어휘 구성
공무원, 편입, 토플, 텝스 시험에서 90%~100%의 높은 적중률

표제어 2,714 단어 ➕ 파생어 739 단어 🟰 3,453 단어

● 강의구성 : 「5배 빠르고 오래 가는 해마학습법으로 수험기간 6개월 이상 단축 」

전체 강의 수 : 74강
강의 시간 : 20분/1강 (복습강의 포함)

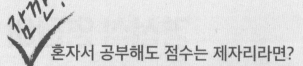

잠깐!

혼자서 공부해도 점수는 제자리라면?

1:1 온라인으로 점수상승보장 케어까지 받자!

" 수강생의 50% 학생이 평균 4개월만에 20~67점 이상 상승! "

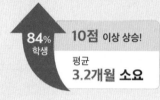

84% 학생 | 10점 이상 상승! | 평균 3.2개월 소요

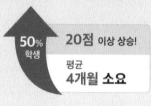

50% 학생 | 20점 이상 상승! | 평균 4개월 소요

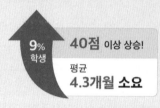

9% 학생 | 40점 이상 상승! | 평균 4.3개월 소요

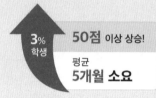

3% 학생 | 50점 이상 상승! | 평균 5개월 소요

6달만에	30점 → 97점	총 67점 상승	이*원	
4달만에	45점 → 95점	총 50점 상승	김*영	
8달만에	51점 → 97점	총 46점 상승	권*채	
4.5달만에	58점 → 100점	총 42점 상승	이*진	

5달만에	34점 → 87점	총 53점 상승	임*지
1달만에	27점 → 74점	총 47점 상승	강*정
3달만에	22점 → 66점	총 44점 상승	송*은
3달만에	58점 → 98점	총 40점 상승	조*현

경선식에듀 1:1 온라인케어란?

경선식에듀의 1:1 온라인 관리 시스템은 각자 레벨에 맞는 커리큘럼 강의를 수강하여,
1:1 밀착관리를 통해 단기간 내 점수 수직상승이 가능한 프로그램 입니다.

업계유일!

전국 1타
경선식 온라인 강의

차별화된
1:1 밀착관리

1:1
맞춤 커리큘럼

나에게 딱 맞춘
편리한 온라인학습

경선식에듀 1:1 Online-Care | 상담 가능 시간 평일 오후 2시~9시 | 문의전화 010-5727-1845

놀라운 점수 수직상승의 비결

반드시 오르는 독보적 커리큘럼

어휘, 문법, 독해, 문제풀이까지 경선식 선생님이 직접 개발한
'초단기 완성 커리큘럼'을 통해 3개월 점수 수직상승이 가능합니다.

| 어휘 | 문법 | 독해 | 문제풀이 |

경선식영단어
(중학, 수능)

2년 이상 소요되는 중학,
수능 어휘 1달 완성 가능!

경선식영문법

문법의 완전 기초부터
독해적용까지
쉽고 명쾌한 설명!

경선식 수능독해

독해원리와 독해비법!

**유형별 풀이비법,
모의고사 풀이훈련**

독해시간 15분 단축 가능,
감이 아닌 논리적인 문제 풀이!

지금도 수많은 학생들이
성적수직상승의 기적을 경험 중입니다.

QR코드로 놀라운 성적향상 후기 확인 >

"**6개월만에 67점을 올린 것은
100% 사실입니다.**"

어떠한 수업보다 특별했던 경선식영문법과 독해,
주 6일동안 매일같이 1:1관리를 철저히 해주신
선생님들 덕분에 점수를 올릴 수 있었어요.